Leitura e escrita de adolescentes
na internet e na escola

COLEÇÃO LEITURA, ESCRITA E ORALIDADE

ORGANIZAÇÃO

Maria Teresa de Assunção Freitas
Sérgio Roberto Costa

Leitura e escrita de adolescentes na internet e na escola

2ª edição

Copyright © 2005 by Maria Teresa de Assunção Freitas, Sérgio Roberto Costa

CAPA
Victor Bittow

EDITORAÇÃO ELETRÔNICA
Waldênia Alvarenga Santos Ataíde

REVISÃO
Dila Bragança de Mendonça

Freitas, Maria Teresa de Assunção
F866l   Leitura e escrita de adolescentes na internet e na escola / organizado por Maria Teresa de Assunção Freitas e Sérgio Roberto Costa. – 2. ed. – Belo Horizonte : Autêntica , 2006.
144 p.
ISBN 85-7526-156-8

1.Educação-Brasil. 2.Informática. 3.Tecnologia na educação. I.Costa, Sérgio Roberto. II.Título.

CDU 37(81)

Ficha catalográfica elaborada por Rinaldo de Moura Faria - CRB6-1006

2006

Todos os direitos reservados pela Autêntica Editora.
Nenhuma parte desta publicação poderá ser reproduzida, seja por meios mecânicos, eletrônicos, seja por cópia xerográfica sem a autorização prévia da editora.

Autêntica Editora
Belo Horizonte
Rua São Bartolomeu, 160 – Nova Floresta
31140-290 – Belo Horizonte – MG
Tel: (55 31) 3423 3022 – TELEVENDAS: 0800 2831322
www.autenticaeditora.com.br
e-mail: autentica@autenticaeditora.com.br

São Paulo
Rua Visconde de Ouro Preto, 227 – Consolação
01.303.600 – São Paulo/SP – Tel.: (55 11) 3151 2272

SUMÁRIO

7   Apresentação

11   Da tecnologia da escrita à tecnologia da Internet
Maria Teresa de Assunção Freitas

19   Oralidade, escrita e novos gêneros (hiper)textuais na Internet
Sérgio Roberto Costa

29   A escrita na Internet: nova forma de mediação e desenvolvimento cognitivo?
Maria Teresa de Assunção Freitas

37   Leitura e escrita de hipertextos: implicações didático-pedagógicas e curriculares
Sérgio Roberto Costa

45   O *chat* como produção de linguagem
Alessandra Sexto Bernardes e Paula M. Teixeira Vieira

65   A produção discursiva nas salas de bate-papo: formas e características processuais
Ana Paula M. S. Pereira e Mirtes Zoé da Silva Moura

85   O discurso construído nas listas de discussão: uma nova forma de interação na formação da subjetividade
Juliana Gervason Defillippo, Olívia Paiva Fernandes e Patrícia Vale da Cunha

97   Por que *nickname* escreve mais que *realname*? Uma reflexão sobre gêneros do discurso
Juliana Gervason Defillippo e Patrícia Vale da Cunha

117   A pesquisa escolar em tempos de Internet
Alessandra Sexto Bernardes e Olívia Paiva Fernandes

Apresentação

Maria Teresa de Assunção Freitas
Sérgio Roberto Costa

O grupo de pesquisa Linguagem, Interação e Conhecimento (LIC), situado na Faculdade de Educação da UFJF, vem, desde 1995, se dedicando a investigar questões de leitura e escrita a partir de diferentes ângulos, adotando sempre como enfoque teórico metodológico a abordagem qualitativa na perspectiva sócio-histórica.

Em nossa primeira pesquisa – "Cultura, modernidade, linguagem: leitura e escrita de professoras em suas histórias de vida e formação" (1995-1997)[1]–, procuramos conhecer, através de seus relatos, o que lêem e escrevem professoras de Ensino Fundamental. Em uma etapa inicial, entrevistamos professoras em exercício e, depois, professoras aposentadas. Os achados nos levaram a resultados diversos nos dois grupos. Confrontando essas diferenças, deparamo-nos com a diversidade dos contextos por elas vividos. Isso nos impulsionou a buscar conhecer melhor o contexto atual, marcado pelas transformações revolucionárias da ciência e da técnica, que acabam produzindo mudanças nas relações sociais e nas práticas culturais.

Assim chegamos a um novo foco de investigação: compreender como se constituem, na contemporaneidade, a leitura e a escrita de crianças e adolescentes. Esta foi nossa segunda pesquisa: "Práticas socioculturais de leitura e escrita de crianças e adolescentes" (1997-1999).[2] Entre os diversos

---

[1] Essa pesquisa constituiu uma vertente, sediada na UFJF, de um projeto maior coordenado pela Profa. Dra. Sonia Kramer (PUC-RIO) e contou com o apoio do CNPq e da FAPEMIG. A partir dessa pesquisa, foram publicados dois livros: FREITAS, MTA (Org.). *Narrativas de professoras: leitura e escrita na perspectiva sócio-histórica*. Rio de Janeiro: Ravil, 1998 e FREITAS, MTA (Org.). *Memórias de professoras: história e histórias*. Juiz de Fora, EDUFJ e S. PAULO: Musa, 2001.

[2] Pesquisa apoiada pelo CNPq e FAPEMIG. Esta pesquisa originou a publicação do livro FREITAS, M.T.A. e COSTA, S. R. *Leitura e escrita na formação de professores*. Brasília/S. Paulo/Juiz de Fora: INEP/COMPED, MUSA, EDUFJ, 2002.

achados, preocupou-nos, em especial, a defasagem observada entre o que a escola propõe como práticas de leitura e escrita e as práticas reais, em função dos interesses, das vivências e experiências das crianças e adolescentes entrevistados. O contexto sociocultural do qual participam tem oferecido a eles outras alternativas de leitura e escrita, significativas e prazerosas, que, nos parece, são desconhecidas ou ignoradas pela escola.

Nas conclusões dessa pesquisa, destacamos que novos suportes e instrumentos culturais da contemporaneidade, como o computador e a Internet, têm-se tornado mediadores de outras alternativas de leitura e escrita. Daí nasceu nossa terceira pesquisa: "A construção/produção de leitura/escrita na Internet e na escola: uma abordagem sociocultural" (1999-2001)[3], cujas análises se centraram nas práticas de leitura e escrita – na Internet e na escola – de um grupo de estudantes do Ensino Fundamental e do Ensino Médio.

De março a julho de 2000, entramos em salas de bate-papo (incluindo *webchat* e *mirc*) e em listas de discussão sobre os seriados televisivos *Friends* e *Charmed*, delas participando ativamente, ou "conversando", ou trocando *e-mails*. Essa opção metodológica justificou-se pelo fato de não estarmos, assim, criando uma situação artificial de pesquisa. Interagindo com os internautas em seu meio natural, poderíamos observá-los de forma mais real e concreta, valendo-nos dos recursos e suportes eletrônicos que eles utilizavam, navegando no mesmo ciberespaço em que estavam inseridos. Conseqüentemente, poderíamos analisar e compreender melhor suas práticas e produtos de leitura/escrita nesse espaço digital.

Para um confronto entre as práticas e os produtos da leitura/escrita na internet e na escola, na última etapa da pesquisa, alguns adolescentes, contatados a partir das interações já efetuadas via *chats* e *e-mails*, foram convidados para encontros face a face, quando seriam entrevistados. Dessas entrevistas emergiram novos dados expressos em suas próprias vozes e trazendo as diversas vozes das instituições (escola, família, mídia). Outras práticas de leitura/escrita dos internautas, diferentes daquelas presentes na Internet foram reveladas. Mediados pelos relatos das entrevistas, buscamos compreender como esses adolescentes percebem a Internet, o que ela representa em suas vidas, como avaliam a escrita e a leitura internáutica e, ainda, como são as práticas de escrita e leitura tanto cotidianas quanto escolares. Em resumo, pudemos avaliar a significação dessa tecnologia da inteligência em dois ambientes diferentes: na Internet e na escola.

---

[3] Pesquisa apoiada pelo CNPq e FAPEMIG.

Portanto, consideramos oportuno reunir neste livro textos com alguns resultados práticos e com algumas reflexões teóricas – fruto de nossos estudos –, abordando diferentes aspectos pesquisados. Esperamos, dessa forma, provocar reflexões em todos aqueles que, envolvidos com a difícil tarefa de ensinar, têm se sentido desafiados por novas perspectivas abertas pelo mundo das tecnologias, entre as quais se destaca a Internet.

Inicialmente, apresentamos quatro capítulos, que se organizam como um pano de fundo teórico para uma melhor compreensão dos temas abordados nos capítulos seguintes, a partir dos achados da pesquisa realizada.

No primeiro capítulo, Maria Teresa de A. Freitas, numa perspectiva histórica, focaliza a trajetória da tecnologia da escrita, do seu surgimento à escrita teclada da Internet. No capítulo seguinte, Sérgio Roberto Costa aprofunda a reflexão sobre a relação oralidade/escrita, defendendo que a interface oralidade/escrita parece se dissolver de maneira relevante no ciberespaço desse instrumento cultural, que é o computador, especialmente no uso da Internet, que seria responsável pelo surgimento de novos gêneros (hiper)textuais (bate-papo nos *chats*, *e-mail*, *forum*, listas, *site*, *home-page*) ligados à interatividade verbal e, conseqüentemente, se tornaria responsável por novas formas e/ou funções de leitura e escrita.

No terceiro capítulo, Maria Teresa de A. Freitas discute o papel da mediação dos instrumentos culturais, numa abordagem sócio-histórica, indagando sobre as possíveis relações entre a escrita construída/produzida na Internet e o desenvolvimento cognitivo. E Sérgio Roberto Costa, no quarto capítulo, faz algumas reflexões sobre a necessidade de se analisar a escrita e a leitura de adolescentes mediadas pela Internet e suas implicações sociais, psicológicas, (meta)cognitivas e (meta)lingüísticas, bem como suas implicações didático-pedagógicas.

Nos capítulos seguintes, são discutidos vários temas que emergiram dos estudos desenvolvidos no processo da pesquisa. Assim, no quinto capítulo, Alessandra Sexto Bernardes e Paula M. Teixeira Vieira apresentam as salas de bate-papo ou *chats* compreendidas como espaços de produção de linguagem.

No capítulo seis, Ana Paula M. Sampaio Pereira e Mirtes Zoé de Oliveira indicam que a escrita teclada das salas de bate-papo reveste-se de características lingüístico-discursivo-processuais específicas, produzindo um novo código discursivo de língua, próprio de um novo gênero discursivo: a "conversação-escrita" nas salas de bate-papo.

O sétimo capítulo, construído a seis mãos por Juliana Gervason Defilippo, Olívia Paiva Fernandes e Patrícia Vale da Cunha, analisa a leitura/

escrita dos internautas nos *e-mails* de listas de discussão (*friendsblvd@egroups.com* e *thecharmedones@egroups.com*) do sistema *egroups*[4], relacionadas a seriados americanos que são veiculados em televisão por assinatura. Através da temática dos enunciados aí produzidos, as autoras refletem sobre a possível influência do uso da Internet na formação da subjetividade desses adolescentes.

Os dois últimos capítulos focalizam as temáticas surgidas nas entrevistas realizadas com os internautas. Assim, no oitavo capítulo, Juliana Gervason Defilippo e Patrícia Vale da Cunha confrontam, a partir do discurso dos adolescentes entrevistados, a escrita escolar e a internáutica. Já no último capítulo, Alessandra Sexto Bernardes e Olívia de Paiva Fernandes discutem a problemática da pesquisa da e para a escola, realizada *no e pelo* contexto hipertextual da Internet. Com suporte na teoria enunciativa da linguagem de Bakhtin, analisam a questão da autoria da pesquisa escolar, focalizando-a em sua dimensão textual/discursiva.

É este o livro que colocamos nas mãos do leitor e esperamos que as reflexões teóricas tecidas e os resultados práticos descritos sobre as novas práticas de leitura/escrita suscitadas pelo surgimento da Internet possam ter continuidade na contrapalavra de pesquisadores, estudiosos e professores que se deparam com os desafios das novas tecnologias e o impacto delas, seja nos trabalhos de pesquisa, seja nas práticas didático-pedagógicas.

---

[4] Domínio americano que gerencia e-mails, a saber: www.egroups.com

Da tecnologia da escrita
à tecnologia da Internet

Maria Teresa de Assunção Freitas

Para compreender a presença entre nós desta nova tecnologia, a Internet, é preciso pensá-la numa perspectiva histórica. De acordo com o método dialético de Vygotsky (1991), os fenômenos devem ser estudados em seu processo de mudança, portanto em sua historicidade. Assim, dando um recuo no passado, pretendemos acompanhar como chegou a se constituir hoje uma nova forma de leitura e escrita. Nesse sentido, vamos focalizar a escrita, de um modo especial, como uma tecnologia que revolucionou a humanidade com o seu surgimento e como tem evoluído ao longo dos tempos. Muitos estudiosos têm se debruçado sobre as implicações sociais e psicológicas da escrita e, para tal, têm-na estudado em seu desenvolvimento histórico. Nesse sentido, são de relevância os estudos efetuados por Ong (1998), McLuhan (1967), Havelock (1963), Goody (1977) entre outros, que abriram esse campo confrontando as sociedades orais com aquelas em que existe a escrita.

A sociedade humana primeiramente se formou com a ajuda do discurso oral. Só mais tarde tornou-se letrada, mas não em sua totalidade. Foi um processo que aconteceu de forma diferente e em épocas diferentes para os diversos grupos humanos. Os primeiros registros escritos datam de 6.000 anos atrás, e das milhares de línguas faladas na humanidade, apenas cerca de 106 podem ser consideradas possuidoras de um sistema escrito (ONG, 1998 citando EDMONSON, 1971). Portanto, a oralidade é a forma de linguagem básica do homem. Ong (1998) distingue dois tipos de oralidade: a primária e a secundária. A primeira refere-se à oralidade de uma cultura desprovida do conhecimento de qualquer forma de escrita. A segunda é a que está presente numa cultura que tem, usa e sofre os efeitos da escrita. Esse é o caso de nossa atual cultura tecnológica, na qual o telefone, o rádio, a TV e outras invenções eletrônicas estimulam uma oralidade que depende da escrita.

Pertencemos a uma cultura escrita, e pensar de uma forma desvinculada dela é difícil para nós. No entanto, com algum esforço, talvez fazendo uma analogia com o surgimento da informática, possamos compreender o impacto do surgimento da escrita numa cultura oral. A escrita é uma tecnologia assim como a informática. A nossa geração, que não nasceu com a informática, se surpreendeu com o seu surgimento, e sua presença, se não continua nos assustando até hoje, pelo menos, nos incomoda. Pensamos nos seus efeitos que ainda desconhecemos e temernos por aquilo que já é de nosso domínio. Assim, vemos às vezes com reservas o uso do computador, da Internet por um número cada dia maior de pessoas e nos perguntamos se a nova forma de leitura e escrita não estaria ocupando ou até desativando o lugar do livro enquanto códex. O acúmulo enorme de informações disponíveis e a possibilidade de acesso a elas, a velocidade de uma comunicação em tempo real, a aproximação de pessoas e de informações distantes, são fatos que ainda não compreendemos bem e, por não sabermos como lidar com eles, nos causam estranheza.

Talvez tenha sido também assim com a escrita nas sociedades de oralidade primária. Daí podemos compreender o receio de Platão diante da escrita como uma tecnologia que viria diminuir a capacidade de memória presente na oralidade. Esta dependia profundamente da memória para preservar os relatos; sabia-se o que se podia recordar. Pensar significava ter pensamentos memoráveis. A escrita, ao possibilitar o registro, libertou a mente do esforço de recordar.

Assim como a capacidade de memória, outras características das culturas orais primárias foram também alteradas pela escrita. Ong (1998) nos fala sobre elas. Numa cultura oral primária os discursos são mais aditivos do que subordinados. É o contexto em que são produzidos que confere significados aos discursos que se tornam, assim, menos dependentes de uma gramática. Já o discurso escrito se prende a uma gramática que lhe é anterior e, por carecer do contexto real, da presença real do interlocutor, o significado depende mais da estrutura lingüística. Os discursos nas culturas orais são mais agregativos totalizadores, enquanto a escrita veio trazer a possibilidade de fragmentação. A repetição, a redundância do já dito mantém o fluxo da interlocução entre falantes de uma cultura oral. Não se pode voltar atrás, pois o que foi falado desaparece logo após ter sido pronunciado. Não é possível, portanto, retroceder no tempo. A tecnologia da escrita se interpõe ao obstáculo do tempo e elimina a redundância. Com a escrita à mão, mais lenta que o discurso oral, a mente é forçada a seguir um padrão mais vagaroso, alterando e reorganizando o dito. É sempre possível reler o que foi escrito, voltar voluntariamente a todos os elementos que estão incluídos no texto. A cultura oral está mais próxima do cotidiano da vida humana, do presente: prende-se às situações vividas e liga-se mais aos fatos, às descrições enquanto a escrita se distancia refugiando-se muitas vezes em conceitos e lógicas abstratas. Para uma cultura oral, aprender implica uma identificação íntima, empática com o conhecido, enquanto a escrita separa o conhecedor do conhecido, estabelecendo condições de distanciamento, de objetividade. As sociedades orais são de certo modo mais comunais, exteriorizadas. A comunicação oral agrupa as pessoas, enquanto a escrita isola e leva mais à introspecção.

A maioria das características do pensamento e da expressão fundadas no oral é relacionada com a interiorização do som. As palavras pronunciadas são ouvidas e internalizadas. Com a escrita, precisa-se de um outro sentido: a visão. As palavras não mais são ouvidas mas vistas, entretanto o que se vê não são as palavras reais, mas símbolos codificados, que evocam na consciência do leitor palavras reais; o som se reduz ao registro escrito.

Ao sintetizar essas reflexões de Ong (1998), não podemos deixar de pensar que a tecnologia da escrita produziu mudanças na vida e no discurso das pessoas e alterou seu modo de pensar.

A impressão, que se tornou possível através da invenção de Gutenberg, reforçou e transformou os efeitos da escrita sobre o pensamento e a expressão. Ong (1998), embora mais preocupado em estudar os efeitos da impressão sobre a consciência, refere-se a alguns de seus efeitos sociais apontados por Elizabeth Eisenstein (1979). Para essa autora a impressão contribuiu para o renascimento italiano, e para a reforma protestante reorientou a prática religiosa católica, afetou o desenvolvimento do capitalismo moderno, implementou a exploração européia do planeta, mudou a vida em família e a política, difundiu o conhecimento, tornou a cultura escrita universal um objetivo sério, permitiu a ascensão das ciências modernas e, por fim, alterou a vida social e intelectual. Ong (1998) convida-nos a refletir não apenas sobre todos esses efeitos mas também sobre os impactos que a impressão provocou na consciência das pessoas.

A invenção da técnica da impressão de caracteres alfabéticos tipográficos no século XV vem sugerir, mais fortemente do que a escrita, que as palavras são coisas, pois são compostas com tipos de metal nos quais as letras são gravadas e preexistem, assim, às palavras a ser constituídas. Nessa época a escrita ainda estava bastante dependente da oralidade, seja pelo encorajamento da memorização, seja pela leitura em voz alta. A predominância da audição ainda era muito forte e marcou até os períodos iniciais da impressão como pode ser sugerido pela formatação dos primeiros impressos que negligencia o projeto gráfico, a apresentação visual. No século XVI dava-se mais atenção ao som da palavra do que a seu aspecto visual. Aos poucos a impressão foi movendo as palavras do mundo do som para o do espaço visual e foi fixando-as aí de uma maneira muito mais rígida do que a escrita o havia feito. Os textos impressos mostram que são feitos à máquina e se tornam mais legíveis favorecendo à leitura rápida, silenciosa. Enquanto a escrita reconstituía a palavra oral no espaço visual, a impressão nele encerrou-a de forma definitiva. Com a impressão altera-se tanto a forma do texto que se organiza no códex, no livro como sua apresentação. Surgem os índices, as páginas de rosto, a distribuição em linhas e parágrafos. Enfim, o espaço é cuidado visando a melhor comunicação com o leitor. Isso facilita a divulgação do conhecimento, na medida em que permite a produção de dicionários, enciclopédias, obras científicas. Hoje estamos tão habituados a essa forma de apresentação que nem prestamos atenção a ela. No entanto, no momento em que foi inventada possibilitou uma relação com o texto e com a escrita diferente da que fora estabelecida com o manuscrito.

Visando atender ao leitor em sua privacidade, os livros tomam um formato menor que permite que sejam levados de um lado para outro, proporcionando a leitura individual e silenciosa. O próprio espírito do individualismo presente foi reforçado pela impressão. O impresso passa a ser um objeto e, como tal, a palavra torna-se um bem material, e o livro, uma propriedade. Daí que, em 1567, foi criada em Londres, a primeira companhia para vigiar direitos de autores e de editores tipográficos. Enfim, a impressão, ao explorar o espaço visual para o tratamento do conhecimento, "encorajou os seres humanos a julgar os seus próprios recursos interiores, conscientes ou inconscientes, como cada vez mais semelhantes a coisas, impessoais e rigorosamente neutros. A impressão encorajou a mente a entender que seus bens estavam confinados em alguma espécie de espaço mental inerte" (ONG, 1998, p. 150). Portanto, podemos dizer que a impressão permitiu que um novo estilo cognitivo se instaurasse. Da discussão verbal passamos à demonstração visual, que hoje, mais do que nunca, se faz presente na tela do computador, no texto eletrônico.

Lévy (1993) traça uma rápida história deste novo meio contando que o primeiro computador, o Eniac dos anos 1940, pesava várias toneladas e ocupava todo um andar de um prédio. Nos anos 1950, os computadores eram programados por códigos binários através de cartões e fitas perfuradas. Novas linguagens como o *Assembler* e a *Fortran* foram introduzidas. Depois surgiram as telas e, por fim, os computadores pessoais que transformaram a informática em um meio de massa para a criação, comunicação e simulação. Os CD-ROM ampliaram as possibilidades de comunicação e interação. O próprio Pierre Lévy – quando escreveu e publicou na França, em 1990, o livro em que trata dessas idéias, embora falasse da rapidez de transformação e das possibilidades de um computador e acenasse para as redes de supercomputadores e o surgimento dos *groupware* – não podia ainda imaginar a força e a extensão do que seriam as redes eletrônicas de comunicação, a Internet. Aliás, a cada dia, novas linguagens de computador são introduzidas: DOS, Windows, Windows 95, Windows 2002, etc. O poder de armazenamento e processamento e a velocidade dos HD vão aumentado assustadoramente, e fica difícil acompanhar essas mudanças. Em pouco tempo o computador e os programas que usamos ficam obsoletos.

Mas, Lévy (1993, p. 102) afirma:

> Não há identidade estável na informática porque os computadores, longe de serem os exemplares materiais de uma imutável idéia platônica, são redes de interfaces abertas a novas conexões imprevisíveis, que podem transformar radicalmente seu significado e uso.

Que mudanças as novas tecnologias da escrita oportunizadas pelo computador e pela Internet poderão estar imprimindo em nosso meio? Que novas maneiras de pensar e de conviver estão sendo elaboradas no mundo das telecomunicações e da informática? No final do segundo milênio emergiu um novo conhecimento por simulação que os epistemologistas ainda não inventariaram. Para Lévy (1993), vivemos hoje uma redistribuição da configuração do saber que havia se estabilizado com a generalização da impressão.

É preciso compreender que a sucessão da oralidade, da escrita e da informática como modos fundamentais de gestão social do conhecimento não se dá por simples substituição, mas antes por complexificação e deslocamentos de centros de gravidade. O saber oral e os gêneros de conhecimento fundados sobre a escrita ainda existem e irão continuar existindo sempre. E a Internet não estaria integrando hoje, de uma maneira nova, oralidade e escrita? Uma outra relação com o texto e com a escrita não estaria sendo possibilitada pela Internet?

São questões que se nos apresentam e, diante delas e dos avanços mais recentes da Internet, não podemos ter uma visão pessimista. Não podemos agir negativamente como Platão encarou o surgimento da escrita. Em *Fedro* e na *Sétima Carta* Platão fez objeções à escrita tal qual se faz hoje em relação ao computador e à Internet. Dizia ele que a escrita é inumana, pois pretende estabelecer fora da mente o que só nela pode estar. Ela é um produto manufaturado, uma coisa. Não é isso que hoje dizemos dos computadores? Não temos medo dessa escrita digitalizada, da máquina através da qual está surgindo uma nova forma de escrita? Ainda, continua Platão, a escrita enfraquece a mente e destrói a memória. Não é este também o receio de professores e pais diante das calculadoras eletrônicas, dos programas de computador, da navegação possibilitada pela internet? Para Platão o texto escrito é estático, inerte, não dialoga com o leitor. Também não é esta muitas vezes a objeção que se faz hoje ao computador? Continuando sua crítica, Platão observa que a escrita é passiva, artificial, situando-se fora do contexto natural da palavra falada. A crítica ao computador, à Internet não é também a de que ele está desvinculado do real numa realidade simulada, virtual?

Diante do novo que nos circunda e se projeta num futuro cada vez mais rápido e mais próximo, precisamos adotar uma perspectiva aberta e positiva. Não se trata de uma postura ingênua e acrítica de passivos consumidores, mas frente aos atuais computadores, processadores de textos e canais eletrônicos de comunicação, como a Internet, precisamos nos colocar numa atitude de busca de conhecimento que leva à compreensão de suas possibilidades. Como sugere Lévy (1993, p. 11), é necessário "deixar a técnica pensar em mim ao invés de debruçar me sobre ela e criticá-la". Assim, não podemos construir um ponto de vista sobre ela, mas é necessário que nos coloquemos abertos a possíveis metamorfoses sob o efeito do novo objeto.

O ciberespaço é certamente um dos futuros da leitura e da escrita, e é nessa perspectiva que para ele dirigimos nossa atenção. Mas como vamos olhar a internet e suas possibilidades de escrita? Ao analisar tudo aquilo que em nossa forma de pensar depende da oralidade, da escrita e da impressão, descobriremos que apreendemos esse novo conhecimento típico da cultura informática, com os critérios e os reflexos mentais ligados a tecnologias intelectuais anteriores. Colocar-nos nessa perspectiva, relativizar formas de pensar que perdem terreno hoje, talvez facilite a emergência do novo em um terreno fértil e preparado para recebê-lo.

Assim como alterou o espaço visual do escrito, a impressão possibilitou o livro enquanto códex, o armazenamento do livro, a biblioteca e depois os suportes de leitura mais rápida, que supõe uma atenção flutuante como o jornal e a revista. A interface da informática nos coloca diante de um pacote terrivelmente redobrado, com pouquíssima superfície que seja diretamente acessível em um mesmo instante. Mas para consultar a tela temos uma série de comandos icônicos, o uso do teclado facilitado e complementado pelo *mouse, menus* que nos mostram que operações podemos ou devemos realizar. A velocidade é uma característica do novo meio. A um clique novos comandos são acionados, e rapidamente temos à nossa disposição novas páginas. A leitura não é mais linear e se converte agora em um outro termo: navegar. Enquanto manuseamos um livro, viramos seqüencialmente suas páginas. O hipertexto informatizado nos dá condições de atingir milhares de dobras imagináveis atrás de uma palavra ou ícone, uma infinidade de possibilidades de ação, muitos caminhos para navegar. O leitor em tela é mais ativo que o leitor em papel. Para Lévy (1996), ler na tela é, antes mesmo de interpretar, enviar um comando a um computador para que projete esta ou aquela realização parcial do texto sobre uma pequena superfície luminosa. Trata-se, portanto, de uma leitura interativa que favorece uma atitude exploratória e algumas vezes lúdica diante do material a ser assimilado. Através da interação estabelecida com os textos, penetramos num novo universo de criação e de leitura de signos, e novos sentidos são criados.

Por tudo isso, Lévy (1996) diz que considerar o computador apenas como um instrumento a mais para produzir textos, sons ou imagens sobre um suporte fixo equivale a negar sua fecundidade propriamente cultural, ou seja, o aparecimento de novos gêneros ligados à interatividade. Assim, a tela informática surge como uma nova máquina de ler. Nela o leitor encontra a nova plasticidade do texto ou da imagem que no papel parece já forçosamente realizado, pronto. Na tela do computador o leitor seleciona um texto que reside numa reserva de informação possível e faz uma edição para si, uma montagem singular. Nesse sentido, seu ato de leitura é uma atualização das significações de um texto, já que a interpretação comporta também um elemento de criação pessoal. Enfim, o suporte digital está permitindo novos tipos de leitura e escrita. Pode-se até falar de uma leitura e uma escrita coletiva.

Fechando essa perspectiva histórica, podemos dizer que oralidade, escrita e impressão não são eras, não correspondem de forma simples a épocas determinadas. As três, a cada instante e a cada lugar, se manifestam presentes e se misturam agora ao último pólo, a informática, surgida no final de milênio.

Referências

EISEINSTEIN, E. *The Printing Press as na agent of change*. Cambridge: Cambridge University Press, 1979.

GOODY, J. *The domestication of the savage mind*. Cambridge: Cambridge University Press,1977.

GREENFIEL, P. M. Oral and Written Language; The consequences for cognitive development in Africa, The United States and England. In: *Language and Speech*, 1995.

HAVELOCK, E. *Preface to Plato*. Cambridge, Mass: Harvard University Press, 1963.

LÉVY, P. *O que é o virtual?* Rio de Janeiro: Editora 34, 1996.

_____ *As tecnologias da inteligência*. Rio de Janeiro: Editora 34, 1993.

MCLUHAN, M. *The Gutemberg Galaxy*. Toronto: University of Toronto Press,1962.

_____ *Understanding media: The extensions of man*. New York: New American Library, 1964.

ONG, W. J. *Oralidade e cultura escrita*. Campinas: Papirus, 1998.

Oralidade, escrita e novos gêneros (hiper)textuais na Internet[1]

Sérgio Roberto Costa

Neste artigo, temos como objetivo básico fazer algumas reflexões sobre a necessidade de se analisar a escrita e a leitura de adolescentes no ciberespaço mediadas pela Internet e algumas possíveis implicações sociais, culturais, psicológicas, (meta) cognitivas e (meta) lingüísticas.

Anteriormente, numa pesquisa qualitativa que desenvolvemos (Freitas, M.T., como coordenadora, Costa, S.R., como co-coordenador, CNPQ e FAPEMIG/ 1997/98) na FACED/UFJF, intitulada *Práticas socioculturais de leitura e escrita de crianças e adolescentes,* dialogamos (nosso instrumento de coleta foi a *entrevista dialógica*[2]) com crianças e adolescentes de 2ª série do Ensino Fundamental a 2ª série do Ensino Médio, buscando nos seus enunciados as práticas sociais de leitura e escrita que emergiam[3]. Ao analisá-las, pudemos comprovar a existência das práticas de letramento mais tradicionais presentes em nossa sociedade letrada e observar que novos instrumentos culturais da contemporaneidade, destacando-se o computador, têm-se tornado mediadores de novas formas/práticas de leitura e escrita, principalmente via Internet.

---

[1] Trabalho apresentado na III Conferência de Pesquisa Sociocultural (Unicamp/Campinas, de 16 a 20/07/2000): SESSÃO COORDENADA 8: CIBERIMPERIALISMO: RELAÇÕES GLOBAIS NA NOVA FRONTEIRA ELETRÔNICA

[2] Usamos esta categoria no sentido bakhtiniano de *dialogia* (BAKHTIN, 1953; 1994) em que a entrevista se constrói no processo da interação/interlocução, como contrapalavras dos participantes, em oposição à entrevista tradicional, assimetricamente construída, com perguntas adrede preparadas pelo entrevistador.

[3] Ver alguns artigos, resultados dessa pesquisa, *In:* FREITAS, M. T. A; COSTA, S. R. *Leitura e escrita na formação de professores.* São Paulo: Musa; Juiz de Fora: EDUFJF; Brasília: INEP/Comped, 2002: segunda parte, p. 97-226.

É o novo espaço cibernético interativo "invadido" por crianças e adolescentes, que passam horas e horas frente à tela do computador, divertem-se com jogos, desenhos, editam textos e, mais do que tudo, navegam na Internet lendo e, principalmente, escrevendo. São formas de leitura e escrita com características próprias e específicas. Leitor e autor se confundem nos hipertextos. Oralidade e escrita se "dissolvem" nas salas de bate-papo (*chats*), por exemplo.

Mas o que vem a ser esse espaço cibernético ou ciberespaço? Trata-se de um novo espaço de interação e de produção de conhecimento humano, que se abre para todas as áreas (científica, econômica, artística, política), e a Educação não pode e não vai ficar fora dela. É um espaço de interação dinâmica. Uma esfera social de comunicação viva da "oralidade" feita de maneira mais complicada e mais complexa, cujas mensagens potenciais podem ser lidas/escritas em várias direções. Uma "humanidade viva, enquanto espaço cibernético", diz Lévy (2000). O que temos nesse espaço é uma mutação comunicativa revolucionária contemporânea jamais vista antes na história da humanidade. Um mundo ecológico de mensagens mediadas por um suporte cultural – a Internet –, mundo que, dialeticamente, parece voltar, em espiral, à oralidade das origens humanas, como previra Mac Luhan.

Histórico

Filogeneticamente, conforme as condições e as situações de produção do discurso e seus suportes, a humanidade foi produzindo e veiculando os conhecimentos produzidos. A primeira das grandes mutações ou revoluções se deu com o advento da escrita. Depois veio a invenção da imprensa, do cinema, da mídia televisiva e, agora, contemporaneamente, da Internet. Nas sociedades que precedem a escrita, o conhecimento prático, religioso, mítico, ritual era passado oralmente, de maneira viva, de pai para filho, de geração para geração. As mensagens desses saberes eram construídas oralmente, na interação face a face, *on-line*, num mesmo tempo e num mesmo espaço, isto é, emitidas num mesmo contexto, no mesmo fluxo interativo. Segundo Lévy (1997, p. 3): "Nas sociedades orais, as mensagens lingüísticas eram sempre recebidas no tempo e no lugar em que eram emitidas. Emissores e receptores partilhavam uma situação idêntica e, em geral, um universo análogo de significado. Os atores da comunicação estavam embebidos no mesmo banho semântico, no mesmo contexto, no mesmo fluxo vivo de interação". Nesse processo de produção e veiculação, o suporte das mensagens eram as pessoas: se um velho morria, morria também uma biblioteca.

O advento da escrita, com suportes/portadores novos de textos (argilas, pergaminhos, principalmente os livros), quando da invenção da imprensa, mudou as condições e as situações de produção do conhecimento e sua conseqüente veiculação. A escrita abre, tanto espacial quanto temporalmente, possibilidades de comunicação que as sociedades orais desconheciam. A palavra escrita há centenas, milhares de quilômetros ou há séculos, podia/pode ser lida, abrindo-se um livro: a Bíblia, o Alcorão, os livros dos clássicos gregos e latinos – literatos ou filósofos – etc. Como conseqüência, a humanidade construiu os primeiros grandes hipertextos: as enciclopédias. O saber humano universal passou, então, a ter como suporte hipertextual, desterritorializado, as bibliotecas.

Depois, na ecologia das comunicações, vieram os meios de comunicação de massa (a imprensa falada e escrita e a televisiva, mesmo o cinema), cujas características interativas, interlocutivas de leitura/produção textual não são tão diferentes das características próprias da relação leitor-autor diante de um texto escrito. Mas o telefone já começa a alterar a relação espaço-tempo na comunicação *on-line*, em que espaço não é condição obrigatória na conversação. Porém, o advento da Internet parece provocar uma mudança maior ou, talvez, uma "volta" às sociedades orais: virtualmente, mensagens são construídas/escritas/transmitidas/veiculadas/lidas *on-line* por pessoas reais em espaços diferentes, cujo contexto é o ciberespaço. São mensagens "contextualizadas" tecnicamente por uma imensidade de computadores ligados em rede universal. Citando a metáfora de Lévy (1997), "todas as mensagens estão imersas num banho comunicativo fervilhante de vida, incluindo as próprias pessoas", ou seja, "os atores da comunicação [estão] embebidos no mesmo banho semântico, no mesmo contexto, no mesmo fluxo vivo de interação", como nas sociedades orais.

Em síntese, nessa viagem em espiral, destacamos na "ecologia das mídias" (LÉVY, 1997), que o saber humano universal, em todas as suas facetas, é produzido e construído de acordo com diversas formas de interação, segundo os papéis/funções dos interlocutores, dos contextos de produção, e suas mensagens são veiculadas por meio de diversos suportes e portadores de textos. Nas sociedades orais o "homem-biblioteca" (intérprete das tradições orais) socializava o saber contextualizado oralmente, numa interação viva, passando-o de geração a geração. Nas sociedades escritas, os suportes do saber são os livros (enciclopédias) – organizados em bibliotecas –, cuja produção espacial e temporal mais distante do interlocutor transforma o autor em fonte de autoridade. Nas sociedades midiáticas, pelo rádio e pela televisão, o saber chega às massas mediado por um processo interativo verbal diferente da reciprocidade interlocutiva própria das sociedades orais. Na sociedade ciberespacial, ou seja, na mídia eletrônico-digital, há o reencontro da comunicação viva, interativa, direta, contextualizada da oralidade, embora a situação e o contexto de produção comunicativos sejam mais complexos, devido a caráter coletivo.

Nesse sentido, esse retorno em espiral às origens da oralidade se caracteriza como uma nova ecologia pragmático-comunicacional: a da inteligência coletiva, a do mundo virtual ciberespacial, e não a da comunidade física e da memória carnal. Segundo Lévy (2000), "esses espaços virtuais, com a implicação direta e o componente tátil que a palavra sugere, exprimiriam em tempo real os conhecimentos, os interesses, os atos de comunicação da coletividade".

Ainda mais, trata-se de uma interconexão mundial – virtualmente contextualizada – diferente da forma estática da escrita. Na busca do sentido, a reatualização do contexto da escrita clássica tradicional era mais difícil, e o leitor muitas vezes deveria confiar no trabalho de instituições que a faziam – igrejas, escolas, etc. Essa captação de sentido é feita hoje de acordo com o "navegador". O sentido emerge aqui e agora, sob efeitos de pertinências locais. Não interessa o que pensou o escritor ausente, pois o sentido – de autoria coletiva – surge na interseção de um plano semiótico desterritorializado, cujos limites entre oralidade, escrita, escrita e leitura parecem se dissolver.

Leitura e escrita ciberespacial

LEITURA

A Internet é um hipertexto produzido coletivamente num contexto ciberespacial, tecnicamente interligado por uma imensidade de computadores plugados em rede universal. Participar da escrita e da leitura desse hipertexto estruturado em forma de rede, cujos elementos são nós, ligados por elementos não-lineares e pouco hierarquizados é um processo mais complexo que veio tornar "a fronteira entre escritor e leitor mais imprecisa, pois o leitor-navegador não é um mero consumidor passivo, mas um produtor do texto que está lendo, um co-autor ativo, capaz de ligar os diferentes materiais disponíveis, escolhendo seu próprio itinerário de navegação" (COSTA, 2000, p. 4). O leitor passa a ter um papel mais ativo e uma oportunidade diferente da de um leitor de texto impresso tradicional.

A estrutura física de cada página implica uma ordem estritamente linear, mas a seqüência das áreas escritas quebra a linha do discurso em arborescências várias, através da conjugação das divisões e subdivisões. Nesse conjunto, há relações topológicas, de distância, de força, de imbricação, de equilíbrio e de descontinuidades. Essa natureza virtual do hipertexto implica a qualificação das relações, já que o contexto, longe de ser estável, é constituído pelo próprio percurso da leitura. A noção intuitiva de contexto é substituída por um ambiente ativo de procura, que oferece instrumentos e métodos específicos.

Assim sendo, há uma mudança na concepção de leitor e autor, como se se tratasse de uma autoria coletiva ou de uma co-autoria. Leitura se torna simultaneamente escrita. Leitor escolhe o caminho da leitura e o conteúdo a ser lido, explorando/lendo (*hipertexto exploratório* – Joyce, 1995) os espaços virtuais de acordo com seus interesses e necessidades, ou construindo/escrevendo (*hipertexto construtivo, id. ibid.*) um conjunto de conhecimentos com base em escolhas que vai realizando, que não são necessariamente aleatórias ou naturais. Serão feitas de acordo com aquilo que o leitor/escritor achar mais relevante ou prioritário. Ele é uma espécie de editor do hipertexto em construção: um texto móvel, caleidoscópio que apresenta suas diversas faces, gira, torna e retorna à vontade do leitor/escritor/autor. Segundo Lévy (2000, p. 2), "a partir do hipertexto, toda leitura é uma escrita potencial". Os dispositivos hipertextuais e as redes digitais desterritorializaram o texto: são textos sem fronteiras próprias, com implicação na quebra das fronteiras entre leitura e escrita.

Escrita

Dissemos acima que o advento da Internet seria, na história da humanidade, um retorno dialético, em espiral, às origens da oralidade, isto é, haveria um (re)encontro entre as sociedades orais e a sociedade eletrônica digital ciberespacial: o reencontro da comunicação viva, interativa, direta, contextualizada, em que o contexto de produção seria mais complexo hoje pelo seu caráter coletivo. Haveria, então, várias semelhanças e diferenças entre, por exemplo, a conversação face a face cotidiana e a conversação virtual na Internet, no processo de construção discursiva da linguagem, mediada pelos gêneros (hiper)textuais presentes nessa esfera semiótico-comunicativa tão complexa. No tempo e no espaço da rede universal ciberespacial, tudo e todos podem interagir com tudo e com todos: com pessoas, com textos, com *sites*, com *home-pages*, com a mídia, etc., em qualquer parte do mundo.

A Internet oferece, portanto, uma variedade imensa de tipos de textos que podem ser lidos ou escritos/produzidos, ou seja, novos gêneros (hiper)textuais que estão presentes nesse novo espaço cultural, podem ser lidos ou construídos com os imensos recursos técnicos que o computador coloca à disposição. Páginas pessoais (*home-pages*), *sites*, conversas em salas de bate-papo (*chats*), salas de discussão (*foruns*), correios eletrônicos (*e-mails*), etc. são novos gêneros (hiper)textuais à disposição dos usuários. Na produção dessa diversidade e heterogeneidade (hiper)textual, está se criando uma nova linguagem ou o chamado "*estilo on-line*", com modificações no código alfabético e na escrita oficial (do Português ou de outras línguas), com invenção ou criação de novos códigos, novo vocabulário, nova sintaxe. E perguntamos: o que está acontecendo com a escrita na Internet, principalmente nas salas de bate-papo (*chats*) e no uso do correio eletrônico (*e-mails*)? (Quanto à leitura/escrita de hipertextos já tratamos acima.) Seria apenas uma criação ou invenção de novos códigos, ou uma necessidade lingüístico-discursiva do usuário?

Artigos, editoriais de revistas e jornais, discussões na escola, na TV, no rádio têm tratado desse assunto com opiniões diversas e, muitas vezes, preconceituosas. Aliás, o discurso da decadência das línguas em transformação é antigo, mesmo porque tudo o que foge da língua-padrão, principalmente escrita (a tirania da língua escrita ainda é muito forte), é objeto de crítica preconceituosa, principalmente quando essas discussões se centralizam no ensino da gramática normativa tradicional, numa visão sistêmica e formalística estática de linguagem *in abstracto*.

Mas não é essa a discussão que queremos aprofundar[4], embora implicitamente faça parte do problema. Vamos analisar alguns aspectos dessa escrita/escrita que permeia principalmente os *chats* e os *e-mails* na Internet, em que oral e o escrito de dissolvem, principalmente levando-se em conta as condições de produção discursiva digital de um tipo de "fala" que faz uso da escrita mediada pelo teclado. Trata-se, sem dúvida, de mudanças no processo de construção discursiva da linguagem e não de mera construção ou invenção de novos códigos.

Quanto ao processo interativo de produção discursiva na conversação face a face e nas salas de bate-papo (*chats*) na Internet, com implicações no uso do código escrito e nas escolhas lingüísticas mais próprias da linguagem espontânea e informal oral cotidiana, há algumas semelhanças entre ambas as conversações: tempo real, correção *on-line*, comunicação síncrona, linguagem truncada e reduzida, etc. Mas há também algumas diferenças que, contudo, confirmam o processo simultâneo de construção da linguagem e do discurso. Podemos resumi-las na *realidade "real"* da conversação cotidiana e na *realidade "virtual"* da conversação internáutica: interação face a face X interação virtual; espaço real X espaço virtual; comunicação real X comunicação virtual e língua falada X língua falada-escrita.

Essas condições e situações de produção textual levaram, então, os "internautas" a criar/inventar, informal e coletivamente, vários recursos para "compensar" a linguagem paralingüística não-verbal (gestos, mímica,

---

[4] V. essa discussão *in* COSTA, S. R.; PEREIRA, A. P. S. Conceitos e preconceitos sobre a escrita na Internet e na escola. In: *Presença Pedagógica*, Belo Horizonte: Dimensão, v. 8, n. 48, nov./dez. 2002, p. 35-51. (ISSN, p. 1413-1862).

entonação) no ciberespaço, os quais acabaram por se tornar uma convenção "tribal", ao comunicar seus pensamentos, idéias e emoções usando o teclado. Entre outros recursos, os *emoticons* (carinhas ou caracteretas), abreviações, reduções de palavras, acrônimos e neologismos a partir da língua materna ou estrangeira, letras maiúsculas para gritar, letras em tamanho menor para murmurar, uso excessivo dos sinais de pontuação (reticências, pontos de interrogação e exclamação), alongamento de vogais e consonates, quebra das fronteiras das palavras, sem falar nos recursos multimídias[5].

Em *A escrita e a mente*, Olson (*apud* WERTSCH, J. *et al.*, 1998, p. 89-111) deixa claro que a escrita não é uma transcrição do discurso, mas fornece um modelo conceitual para esse discurso: "longe de transcrever o discurso, os sistemas escritos criam categorias nos termos das quais nos tornamos conscientes do discurso". Diz ainda que a história das escritas não é, contrariando a visão comum, a história de tentativas fracassadas e sucessos parciais rumo à invenção do alfabeto, e, sim, o subproduto de tentativas de usar uma escrita para uma língua à qual ela é mais adequada (os gregos, por exemplo, a partir da escrita elaborada pelos fenícios, atribuem outra importância às vogais). Os "internautas" também inventaram uma escrita adequada à linguagem e ao discurso digital ciberespacial.

Além disso, sabemos, pela história da escrita, que os primeiros textos alfabéticos não separavam as palavras. Os espaços em branco entre as palavras, a pontuação, os parágrafos, a divisão em partes ou capítulos, índices, sumários, notas de rodapé, rede de remissões em dicionários ou enciclopédias, etc., constituem um processo lento de construção de recursos editoriais para leitura e escrita de textos.

Parece-nos que muito do que dissemos acima está acontecendo com a nova linguagem da Internet. Assim como o homem, para escrever e ler textos inventou/criou discursivamente os sistemas de escrita (pictóricos, ideográficos e alfabéticos) e diversos recursos editoriais; assim como os escritores de romances, contos, novelas, poemas inventaram recursos de escrita para criar seu discurso estético; assim como os produtores de histórias em quadrinhos e de tirinhas também buscaram outros recursos gráficos, além do sistema de escrita, assim também os internautas estão revolucionando a escrita no ciberespaço, tanto como sistema quanto como processo discursivo. Se formos observar, hoje, manchetes, textos de jornais,

---

[5] V., neste volume, PEREIRA, A. P. S.; MOURA, M. Z. da Silva. (Orientador: Dr. Sérgio Roberto Costa) *A produção discursiva nas salas de bate-papo: formas e características processuais.*

revistas, propagandas, publicações diversas, etc., certamente encontraremos o estilo *on-line* influenciando a escrita *off-line*.

Conclusão

Apesar de sabermos que o ciberespaço está longe de ser um espaço a que todos têm acesso, ele deixa de ser um espaço totalitarizante e torna-se um espaço universal para a humanidade que nele está plugada. Como é um mundo interativo dinâmico, sem fronteiras, ágil, colorido, movimentado, não necessariamente um "paraíso", quanto mais cedo crianças e adolescentes "invadirem-no" e puderem controlá-lo, mais se desenvolverão em suas capacidades motoras, lingüísticas e cognitivas. Por isso, a sociedade – pais, professores, governantes – devem estar atentos para a importância desse espaço de interação e produção de conhecimento humano, em todas as áreas. Na área de Educação, então, nem se fala, se pensarmos principalmente nas propostas de políticas educacionais ligadas à alfabetização e ao letramento das novas gerações. Mas isso, sem idolatria.

Especificamente, nosso texto nos chama a atenção para a quebra das concepções tradicionais que polarizam oralidade e escrita, para a dissolução das fronteiras entre leitura e escrita; para novas concepções de autoria, de escritor/leitor/co-autor (e até de direitos autorais, já que nesse espaço há uma real quebra de autocontrole e censura). Navegando na rede, não estaremos, portanto, apenas nos apropriando de um novo instrumental técnico revolucionário ou de novos códigos sonoro-visuais ou gráfico-auditivos comunicativos para escrever e ler, mas, sim, construindo um novo objeto conceitual mediado por novos tipos de interação lingüística, social e cultural.

Referências

BAKHTIN, M. (Volochinov). (1929) *Marxismo e filosofia da linguagem*. São Paulo: Hucitec, 1981.

BAKHTIN, M. (1953) Os gêneros do discurso. In: *Estética da criação verbal*. São Paulo: Martins Fontes, 1994, p. 327-358.

BOLTER, Jay David. *Writing Space*. The Computer, Hypertext, and the Hystory of Wrinting. Hillsdale, N.J., Lawrence Erlbaum Associates, 1991.

COSTA, Sérgio R. Leitura e escritura de hipertextos: implicações didático-pedagógicas e curriculares. In: *Veredas: revista de estudos lingüísticos*, v. 4, n. 1 – jan./jun. 2000, p. 43-49. Juiz de Fora: EDUFJF.

FREITAS, M. T.; COSTA, S. *A construção/produção da escrita na Internet e na escola: uma abordagem sociocultural*. Projeto de Pesquisa. CNPQ: 1999/2001.

JOYCE, Michael. *Of two minds. Hypertext pedagogy and poetics*. Ann Arbor: The University of Michigan Press, 1995.

LEVY, Pierre. *As tecnologias da inteligência*. Rio de Janeiro: Ed. 34, 1993.

_____. *Tecnologias intelectuais e modos de conhecer*: nós somos o texto. Versão retirada da Internet, 2000.

_____. *A emergência do ciberespaço e as mutações culturais*. Versão retirada da Internet, 2000.

_____. A globalização do significado. Folha de S. Paulo. *Mais*: p. 5. 07/12/1997.

OLSON, David R. A escrita e a mente. In: WERTSCH, James V. et. al. *Estudos socioculturais da mente*. Porto Alegre: Artmed, 1998.

A escrita na Internet: nova forma de mediação e desenvolvimento cognitivo?

Maria Teresa de Assunção Freitas

El lenguage es el producto de la actividad humana colectiva, y refleja en todos sus elementos tanto la organización económica como la socio-política de la sociedad que lo ha generado.
Mikhail Bakhtin

A mediação dos instrumentos culturais

A aquisição de sistemas representacionais e simbólicos da cultura tem um importante papel no desenvolvimento humano. Os processos cognitivos dos indivíduos são transformados significativamente pela aquisição de instrumentos culturais (OLSON, 1998). Na obra de Vygotsky o conceito de mediação está presente como um conceito-chave que articula diferentes aspectos da sua teoria psicológica. De acordo com esse autor "os seres humanos, criaram instrumentos psicológicos e sistemas de signos cujo uso lhes permite transformar e conhecer o mundo, comunicar suas experiências e desenvolver novas funções psicológicas. A mediação dos sistemas de signos constitui o que denominamos mediação semiótica" (PINO, 1991, p. 33).

A mediação é um processo dinâmico no qual as ferramentas ou artefatos culturais modelam as ações das pessoas. Entretanto, essa modelagem só acontece na medida do uso que dela fazem os indivíduos. Uma nova ferramenta cultural altera todo o fluxo e a estrutura das funções mentais (WERTSCH ET AL, 1998).

Assim aconteceu em relação à escrita alfabética e mais tarde em relação à imprensa. Ambas mudaram radicalmente o conhecimento e suas funções sociais, a relação dos homens com ele, a imagem do homem de si e de sua realidade. Com a escrita alfabética, o escrever deixou de ser a mera representação de um objeto através de uma imagem, passando a empregar para tal os signos. Dessa forma, a escrita alfabética passou a não simbolizar objetos, fatos, eventos, mas um processo, uma relação: a linguagem humana (FICHTNER, 1997). A escrita alfabética constituiu-se como um sistema de representação em forma visual das palavras orais, dos sons, distribuindo as palavras em segmentos espaciais, representando a análise e ao mesmo tempo a consciência do idioma. Assim, a linguagem se transformou pela primeira vez em texto escrito como uma forma autônoma do conhecimento. Nas palavras de Olson (1998) a escrita acrescentou um novo tipo de estrutura ao mundo, e os seus usuários aprenderam um modelo para pensar sobre a fala e a linguagem. As formas de escrever alteram e continuam a alterar a cognição e a consciência.

A imprensa também transformou fundamentalmente as relações dos homens com o conhecimento. Para corresponder com sua estrutura técnica, novas formas de pensamento foram desenvolvidas. O livro, produto dessa invenção, representou qualitativamente uma nova metodologia para organizar e estruturar o conhecimento. Com a imprensa os signos tiveram formas variáveis de uma representação do conhecimento. Lingüisticamente falando, a forma, quer dizer, o significante do signo, foi elaborada como elemento formal, autônomo, capaz de permitir a representação de um determinado significado cada vez mais preciso. Assim, a relação entre significante e significado não foi mais uma comunhão indissolúvel e uma união figurativa como na Idade Média. Num complexo processo social e histórico a imprensa desenvolveu-se como um vigoroso instrumento e um fortíssimo fator para construir uma nova relação entre significante e significado, e com isso uma nova relação entre linguagem e realidade. Os signos não deviam mais ser identificados com o mundo exterior, não poderiam mais ser objetos imutáveis como na Idade Média. Agora se situavam na atividade do sujeito para pensar a realidade e construir o conhecimento sobre a realidade. Dessa forma, os signos constituíram meios da atividade do homem (FICHTNER, 1997).

Se essas mudanças afetaram profundamente a relação dos indivíduos com o conhecimento e produziram transformações nos modos de vida e na própria sociedade, as novas formas de mediação semiótica oportunizadas pelo computador, mais especificamente pela Internet, também podem estar trazendo alterações qualitativas para a cognição de seus usuários.

Chartier (1998) – embora destaque a importância da imprensa na história da leitura e da escrita, que permitiu a reprodutibilidade, possibilitando que um mesmo texto pudesse ser lido ao mesmo tempo por milhares de pessoas – considera que Gutenberg inventou uma técnica para produzir textos e reproduzir livros, mas não mudou a sua forma, o suporte. Tanto o livro manuscrito quanto o impresso eram objetos constituídos de folhas dobradas e encadernadas. Portanto, apesar da revolução tecnológica provocada pelo invento de Gutenberg, a mudança mais significativa que se operou em relação à leitura foi quando o rolo de papiro ou pergaminho foi substituído pelo caderno com folhas. Considera ainda como mais importante do que essa passagem para o códice, a introdução da leitura silenciosa, feita apenas com os olhos em vez da leitura em voz alta. Diz isso para afirmar que o texto eletrônico é uma nova e importante revolução porque o que muda hoje é a estrutura mesma do texto que passa a ser lido ou escrito num novo objeto. A tela do computador é um novo suporte para a leitura como o foi em outras épocas o códice. Não vê, portanto, essa situação como um perigo que anuncia a morte do livro. Pelo contrário, ele percebe que o livro e a leitura continuam vivos, pois o que está sendo veiculado pelas redes eletrônicas são textos. Há, portanto, apenas uma transformação frente aos meios clássicos de transmissão de textos. Assim como tivemos a tábua, o rolo, o códice que durou séculos, temos agora a tela. A forma da leitura e da escrita está tendo agora uma mudança profunda, está surgindo uma nova modalidade de apropriação do texto. Estamos estabelecendo uma convivência com três tipos de textos: o manuscrito, o impresso e o eletrônico.

A escrita e o desenvolvimento cognitivo

Existem diferenças de pensamento entre os povos ou pessoas ágrafas e os que possuem a escrita? A tecnologia da escrita traz modificações cognitivas? Até que ponto a escrita afeta os processos de pensamento?

Estas são questões que têm provocado controvérsias entre os autores. Ong é partidário de uma posição que acredita no potencial da escrita de trazer transformações mentais e reestruturar a consciência. Assim ele se expressa a respeito:

> Um conhecimento mais profundo da oralidade primitiva ou primária permite-nos compreender melhor o novo mundo da escrita, o que ele verdadeiramente é e o que os seres humanos funcionalmente letrados realmente são: seres cujos processos de pensamento não nascem de capacidades meramente naturais, mas da estruturação dessas capacidades, direta ou indiretamente, pela tecnologia da escrita. Sem a escrita, a mente letrada não pensaria e não poderia pensar como pensa, não apenas quando se ocupa da escrita, mas normalmente, até mesmo quando está compondo seus pensamentos de forma oral. Mais do que qualquer outra invenção individual, a escrita transformou a consciência humana. (ONG, 1998, p. 93)

Outros autores, como Goody (1977), Greenfield (1972), Havelock (1963), McLuhan (1962 e 1964) e Stock (1983), são partidários do ponto de vista de que os processos cognitivos são modificados pela escrita. Também Lévy (1993) sugere que a escrita enquanto tecnologia intelectual condiciona a existência de formas de pensamento como a racionalidade e a memória.

Vygotsky (1997; 1991; 1994) partilha do mesmo pensamento, colocando como premissa básica de sua teoria que, para se explicar as formas complexas da vida consciente do homem, é imprescindível sair dos limites do organismo, buscar as origens dessa vida consciente e do comportamento categorial, não nas profundidades do cérebro ou da alma, mas nas condições externas da vida e, em primeiro lugar da vida social, nas formas histórico-sociais da existência do homem. Assim, para ele, o objeto da psicologia não é o mundo interno em si mesmo, é o reflexo do mundo externo no mundo interno, é a interação do homem com a realidade. Os homens, diferentemente dos animais, criam instrumentos e sistemas de signos cujo uso lhes permite transformar e conhecer o mundo, comunicar suas experiências e desenvolver novas funções psicológicas. Vygotsky concebe o desenvolvimento mental como um processo de apropriação e elaboração de cultura, no sentido de que as funções psicológicas superiores são transformações internalizadas de modos sociais de interação, incluindo artefatos culturais, instrumentos técnicos e formas de ação e signos, instrumentos psicológicos.

Assim, a escrita, como uma construção sígnica de um grupo cultural, faz parte da realidade, e o homem, ao tomar contato com ela, ao internalizá-la, estará também se modificando internamente. O homem das culturas orais pensava de uma maneira específica como produto do que sua realidade lhe oferecia. Com o surgimento da escrita alterando sua maneira de expressão, sua vida, seu discurso, também alterava-se a sua mente. Luria (1986), considera que a linguagem escrita é um poderoso instrumento para precisar e elaborar o processo de pensamento. Ao trabalhar sobre o meio, a forma de enunciação possui uma grande importância para a formação do pensamento. Ambos, Vygotsky e Luria, consideram que a escrita, além de permitir fazer coisas novas, transforma a fala e a linguagem em objetos de reflexão e análise. Em sua perspectiva marxista esses autores dizem que as funções mentais superiores são formadas a partir da mediação de instrumentos sígnicos socialmente criados: a linguagem, a escrita, os números, as figuras, etc. que são culturalmente diferentes. Esses recursos externos precisam ser internalizados para se transformar em recursos internos, em funções mentais. A internalização é a reconstrução interna de um processo externo. Enfim, esses autores, na teoria histórico-cultural que desenvolvem, oferecem sugestões sobre o modo como o domínio da escrita poderia influenciar as operações e atividades cognitivas.

As próprias pesquisas empreendidas por Luria sob a orientação de Vygotsky no Usbesquistão e Quirquízia em 1931 e 1932 e cujos resultados estão publicados no livro *O desenvolvimento cognitivo; seus fundamentos culturais e sociais*(LURIA,1990), contribuem para polemizar a questão. Nas pesquisas Luria realizou um vasto trabalho de campo com pessoas analfabetas e pessoas já alfabetizadas. Buscando descobrir os fatores importantes para o desenvolvimento da psicologia histórico-cultural na qual trabalhava com Vygotsky, seu estudo acabou chegando a alguns resultados quanto à relação da escrita com as mudanças cognitivas. Ele considerou que mesmo um grau minimamente moderado de cultura escrita faz enorme diferença nos processos mentais. Apontando algumas de suas descobertas, podemos dizer que Luria encontrou sujeitos analfabetos que identificavam figuras geométricas atribuindo-lhes nomes de objetos e não definindo-as com conceitos abstratos. Eles viam os desenhos como representações das coisas reais que conheciam, isto é, lidavam com as figuras como objetos concretos e não como abstrações. Os alfabetizados eram capazes de defini-los por seus nomes geométricos. Assim, uma das suas conclusões foi a de que as pessoas que não conheciam a escrita tendiam mais a tratar os problemas de forma concreta, relacionada com o contexto, enquanto os alfabetizados adotavam uma abordagem abstrata, baseada em princípios. Outro achado de Luria refere-se à capacidade de pensar por categorias. Ao apresentar aos dois grupos de sujeitos alfabetizados e pertencentes às culturas orais uma lista com as palavras "serra, lenha, plaina, machado" os segundos não classificavam a lenha separadamente, enquanto os primeiros observavam imediatamente que a lenha não é uma ferramenta. Assim, concluía que as pessoas de culturas escritas tem tendência a pensar por categorias enquanto as de culturas orais captam primeiro a situação, levando em conta os aspectos concretos e de proximidade. Essas conclusões não sugerem, etnocentricamente, que as pessoas sem escrita são menos inteligentes, mas, sim, que praticam uma outra forma de pensar ajustada às suas condições de vida e de aprendizagem.

    Cole e Scribner (1981) realizaram também uma pesquisa para investigar a questão, focalizando na Libéria um grupo cultural, *os vai*, a fim de examinar os efeitos psicológicos da escrita. Sua descoberta não confirmou os estudos de Luria: eles constataram que o uso da escrita não gerou grandes mudanças nas pessoas pesquisadas. Descobriram que as mudanças estavam mais relacionadas ao tipo de ensino formal, e havia pouca evidência de um efeito geral da escrita sobre o raciocínio. Outros autores, como Douglas (1980), Eisenstein (1979) e Street (1984) têm uma posição semelhante aos resultados obtidos por Cole e Scribner(1981). Esse grupo interpreta as mudanças culturais associadas às mudanças nas formas de comunicação em termos de alterações nas práticas sociais e institucionais, mas indica que os processos cognitivos não se alteram.

Olson (1997), considerando que o trabalho de Scribner e Cole é importante para ajudar em uma reconceitualização da alfabetização, analisa a polêmica colocada entre os autores quando consideram a relação da escrita com o desenvolvimento cognitivo. Para ele a magia da escrita não está no fato dela servir como um novo instrumento mnemônico, mas no fato de poder desempenhar uma função epistemológica importante. Ela ajuda não só a lembrar o que foi pensado e dito como nos convida a considerar um e outro de modo diferente. Nesse sentido, a seguinte citação é bastante esclarecedora:

> Os efeitos da escrita sobre as mudanças intelectuais e sociais não são de fácil compreensão... É enganoso pensar a escrita em termos de suas conseqüências. O que realmente importa é aquilo que as pessoas fazem com ela, e não o que ela faz com as pessoas. A escrita não produz uma nova maneira de pensar, mas a posse de um registro escrito pode permitir que se faça algo antes impossível: reavaliar, estudar, reinterpretar e assim por diante. De maneira similar, a escrita não provoca a mudança social, a modernização ou a industrialização. Mas ser capaz de ler e escrever pode ser crucial para o desempenho de certos papéis na sociedade industrial, também podendo ser completamente irrelevante para o desempenho de outros papéis em uma sociedade tradicional. A escrita é importante em termos da realização do que possibilita às pessoas: o alcance daquilo que objetivam ou a produção de novos objetivos. (OLSON, HILDYARD; TORRANCE, 1965, p. 14, *apud* OLSON; TORRANCE, 1995, p. 7)

Em Olson (1997), o autor acrescenta dizendo que aspira uma teoria sobre o modo como a escrita possa contribuir para o nosso entendimento do mundo e de nós mesmos. Salienta o valor da oralidade mostrando que esta não pode ser considerada inferior à escrita. Reconhece que as implicações da escrita não podem ser ignoradas, mas afirma que o que precisamos é de "uma teoria ou de um conjunto de teorias sobre como o modo da aprendizagem da escrita se relaciona com a linguagem, a mente e a cultura" (p. 30). Olson termina suas considerações sintetizando-as em quatro pontos.

> Primeiro, a escrita não é uma mera transcrição da fala, mas fornece um modelo conceitual para a linguagem falada [...] Segundo, [...] a história da escrita não é uma história de tentativas abortadas e de êxitos parciais rumo à invenção do alfabeto, mas sim o subproduto de esforços para aplicar um código escrito a uma língua para qual ele é impróprio. Terceiro, os modelos de linguagem fornecidos pelas nossas escritas constituem ao mesmo tempo o que se adquire no processo da escrita e da leitura e

o que se emprega ao pensar sobre a linguagem; a escrita é por princípio, metalingüística.[...] Finalmente, os modelos fornecidos pela nossa escrita tendem a nos cegar com respeito a outros aspectos da linguagem igualmente importantes para a comunicação humana (p. 105, 106).

Enfim, num outro texto, Olson (1998), conclui que os sistemas escritos representam o discurso, mas não da maneira como convencionalmente se sustenta. Os sistemas escritos não transcrevem o discurso, mas criam categorias nos termos das quais nos tornamos conscientes do discurso. Introjetamos nossa linguagem conforme as linhas propostas por nossa escrita. Portanto, conclui que a escrita afeta a consciência e a cognição ao fornecer um modelo para o discurso, uma teoria para refletir sobre o que é dito.

Indagamos: essa nova forma de escrita oportunizada pela internet pode afetar a consciência e a cognição? Lévy (1996) chama a nossa atenção para as mudanças nas formas de ler e escrever operadas pelo hipertexto digital. Não é mais o leitor que se desloca fisicamente nas operações de leitura de um texto, virando páginas, procurando volumes entre estantes de livrarias ou bibliotecas, mas é "um texto móvel e caleidoscópico, que apresenta suas facetas, gira, dobra-se e desdobra-se à vontade diante do leitor" (p. 44), misturando as funções de leitura e escrita, elevando à potência do coletivo a identificação cruzada do leitor e do autor. A escrita na internet coloca nos mesmos planos a exterioridade da oralidade e a interioridade da escrita. O navegador pode-se fazer autor de maneira mais profunda participando da estruturação do hipertexto, criando novas ligações, acrescendo ou modificando e conectando um hiperdocumento a outro. A partir do hipertexto, toda leitura pode tornar-se uma escrita. Todas essas considerações nos levam à noção da autoria coletiva e da dialogicidade textual de Bakhtin (1985). Todas as mutações proporcionadas pela digitalização ao texto, "reinventando" a escrita, poderiam também estar fornecendo um novo modelo para o discurso, novos gêneros discursivos afetando a consciência e a cognição?

Referências

BAKHTIN, M. *Estética da criação verbal*. São Paulo: Martins Fontes, 1992.

_____. (Volochinov, V. N.). *Marxismo e Filosofia da Linguagem*. São Paulo: Hucitec,1988.

CHARTIER, R. A leitura no tempo. In: *O Globo*. Rio de Janeiro, 24/10/98.

EISEINSTEIN, E .*The Printing Press as an agent of change*. Cambridge University Press, 1979.

FICHTNER,B. *O computador e o desenvolvimento de novas atividades.* Universidade de Siegen, 1997.

GOODY, J. *The domestication of the savage mind.* Cambridge: Cambridge University Press, 1977.

GREENFIEL, P.M. Oral and Written Language; The consequences for cognitive development in Africa, The United States and England. In: *Language and Speech*, 1995, p. 169-178.

HAVELOCK, E. *Preface to Plato.* Cambridge, Mass: Harvard University Press, 1963.

LÉVY, P. *O que é o virtual?* Rio de Janeiro: Editora 34, 1996.

_____ *As tecnologias da inteligência.* Rio de Janeiro: Editora 34,1993.

LURIA, A.R. (1976). *Desenvolvimento cognitivo: seus fundamentos sociais e culturais.* São Paulo, Ícone, 1990.

MCLUHAN, M. *The Gutemberg Galaxy.* Toronto: University of Toronto Press, 1962.

_____ *Understanding media: The extensions of man.* New York: New American Library, 1964.

OLSON, D. R. *O mundo no papel.* São Paulo: Ática, 1997.

OLSON, D. R. A escrita e a mente. In: Wertsch, J. et al. *Estudos socioculturais da mente.* Porto Alegre: Artes Médicas,1998.

OLSON, D. R.; TORRANCE, N. *Cultura escrita e oralidade.* São Paulo: Ática, 1995.

ONG, W. J. *Oralidade e cultura escrita.* Campinas: Papirus, 1998.

PINO, A. O conceito de mediação semiótica em Vygotsky e seu papel na explicação do psiquismo humano. *Cadernos CEDES.* São Paulo, 24, 1991, p. 32-43

SCRIBNER, S; COLE, M. *The psychology of literacy.* Cambridge: Harvard University Press, 1981.

STREET, B. V. *Literacy in Theory and Practice.* Cambridge: Cambridge University Press, 1984.

VYGOTSKY, L. S. *Obras Escogidas IV.* Madrid: Visor, 1996.

VYGOTSKY, L. S. (1930). *A formação social da mente.* São Paulo: Martins Fontes, 1991 e 1994.

_____. (1934) *Pensamento e Linguagem.* São Paulo: Martins Fontes, 1989 e 1994.

WERTSCH, J, et al. *Estudos socioculturais da mente.* Porto Alegre: Artes Médicas, 1998.

Leitura e escrita de hipertextos: implicações didático-pedagógicas e curriculares

Sérgio Roberto Costa

> O hipertexto é um produto de chegada e não um ponto de partida no caso do ensino.
> LUIZ ANTONIO MARCUSCHI

Temos observado que a interface oralidade/escrita parece se dissolver de maneira relevante, no uso da Internet, que seria responsável pelo surgimento de novos gêneros (hiper) textuais (*chat, e-mail, forum, site, home-page*), ligados à interatividade verbal e, conseqüentemente, se torna responsável por novas formas e/ou funções de leitura e escrita. Os (hiper)textos, produzidos/construídos sem fronteiras nítidas, misturam formas, processos e funções da oralidade, da leitura e da escrita. Leitor e autor/escritor se cruzam, *on-line*, no esforço de releitura, correção e re-criação de um texto, participando da edição do texto que lêem e escrevem. Nesse ciberespaço, leitor e escritor deparam-se com novos conceitos, novo léxico, novos gêneros discursivos, novas formas de linguagem, novo código, novo estilo de ler, escrever e conversar.

Em síntese, são novos processos de produção e construção (hiper)textual que, certamente, nos levam a reler, a pensar os conceitos de texto, a repensar trabalhos de análises e interpretações textuais, em nível micro ou macro, envolvendo as noções de coesão/coerência, etc., com implicações didático-pedagógicas no ensino/aprendizagem da oralidade, da leitura e da escrita.

O hipertexto: histórico e conceituação

Fiat verbum. E o verbo foi feito. Dizem que a Bíblia é um dos primeiros livros montados em forma hipertextual, com sua estrutura de parágrafos e versículos, em colunas, como os evangelhos. Mesmo os livros tradicionais não deixam de ter suportes do hipertexto (termo que está ligado hoje principalmente, ao computador): índices, notas de rodapé, remissões a linhas, parágrafos, páginas anteriores ou posteriores. Autores antigos e novos escreveram livros com múltiplas possibilidades de leitura, mutantes aos olhos do leitor. As enciclopédias, então, nem se fala.

Observemos um fragmento do conto *Livro de areia* de Borges, em que o personagem se depara com uma estranha relíquia: um livro sem começo nem fim, cujo leitor flutua e se move no espaço e no tempo infinitos:

> Toquei a capa e, tentando colocar meu polegar na contracapa, abri o livro. Foi inútil. Cada vez que tentava, um certo número de páginas surgia entre a capa e meu dedo. Era como se elas surgissem do livro continuamente.
> — Agora encontrei a última página.
> Falhei novamente. Numa voz que não era a minha, eu apenas consegui gaguejar:
> — Isso não é possível.
> Ainda falando numa voz muito baixa, o estranho disse:
> — Isso não é possível, mas está acontecendo. O número de páginas desse livro é nada mais nada menos que infinito. Não há primeira nem última página. Eu não sei por que elas estão numeradas dessa maneira arbitrária. Talvez para sugerir que os termos de uma série infinita aceitam qualquer número.
> Então como se estivesse pensando alto, ele disse:
> — Se o espaço é infinito, nós podemos estar em qualquer ponto do espaço. Se o tempo é infinito, nós podemos estar em qualquer ponto do tempo.[1]

Já, em 1897, Mallarmé publicara *Un coup de dés* (Um lance de dados), cujas leituras permitem uma série de combinações, poema que fazia parte de seu projeto estético de rompimento da linearidade sintática, com textos fragmentados e espaciais, topológicos. Seu sonho, não realizado totalmente, seria a publicação do *Le livre*, que Machado (1993, p. 69) assim caracteriza: "O sonho de Mallarmé [...] era dar forma a um livro integral, um livro múltiplo que já contivesse todos os livros possíveis [...]; ou ainda um gerador de textos, impulsionado por um movimento próprio, no qual palavras e frases pudessem emergir, aglutinar-se, combinar-se em arranjos precisos, para depois desfazer-se, atomizar-se em busca de novas combinações".

---

[1] Tradução livre de André BRASIL. Livro de Areia: HIPERTEXTO. In: *Presença Pedagógica*, v. 2, n. 12. nov/dez., 1996, p. 95.

Lévy (1993) diz metaforicamente que aprendemos a comunicar desta maneira: hipertextualmente, ou seja, interagimos mergulhados numa rede de significados aberta, interligados em uma série de remissões, relações, analogias e associações. É o que ele chamou de *ecologia cognitiva*. Ou seja, segundo Lévy, "lemos", "escrevemos" e compartilhamos hipertextos, já que o tempo todo estamos fazendo associações a-lineares.

Fiat hipertextus. E o hipertexto foi feito. À Mallarmé, à Borges e a tantos outros literatos, e à maneira da hipótese de Lévy, algo próximo de nossa maneira de pensar, Vannevar Bush, diretor do Depto. de Pesquisa Científica e Desenvolvimento do governo Roosevelt, publica, em 1945, na revista *Atlantic Monthly*, o artigo *As we may think*, propondo que se criasse um processo de acesso e gerenciamento de informações não-linear – *memex (extended memory)*, quebrando as formas tradicionais de registro e transmissão de informação e de acesso a elas, já que os sistemas tradicionais de processar e armazenar informações eram muito rígidos, muito tradicionais e não correspondiam às formas de cognição da mente humana que, segundo ele, opera por associação. Estava nascendo a base do hipertexto, tal qual conhecemos hoje.

As idéias de Bush não morreram, embora ele não tivesse podido concretizar seu projeto por falta de recursos tecnológicos não desenvolvidos até então. Assim Ted Nelson, entre tantos cientistas influenciados por Bush, usa, pela primeira vez, o termo *Hipertexto* na década de 1960, em que o prefixo *hiper* expressa generalidade, extensão, como no *hiperespaço* da Matemática, para designar sistemas textuais não-lineares, ou seja, uma escritura eletrônica não-seqüencial e não-linear. Em 1970, publica *Literary Machines*, com orientações para produção e leitura de (hiper)textos, mediadas pelo computador.

Assim como Mallarmé com seu *Le livre*, Nelson criou o projeto *Xanadu*, um tipo de livro eletrônico universal, que seria uma rede de multimídia mundial, em que os usuários interagiriam simultaneamente. Segundo Lévy (1993, p. 29), "*Xanadu*, como horizonte ideal ou absoluto do hipertexto, seria uma espécie de materialização do diálogo incessante e múltiplo que a humanidade mantém consigo mesma e com seu passado".

Cunhado, portanto, na e pela informática, o hipertexto possui uma textualidade eletrônica virtual, cujo espaço é outro; por isso, vai além do texto em seu formato tradicional. Trata-se de um texto que podemos facilmente visualizar, quando acessamos a Internet. Segundo Barthes, trata-se de um texto composto de blocos de palavras ou de imagens, conectados eletronicamente, conforme múltiplos percursos, numa textualidade sempre aberta e infinita. O texto é uma galáxia de significantes e não uma estrutura de significados. Não há começo, mas reversibilidade, com vários acessos possíveis.

Segundo Nelson, trata-se de uma escrita não-linear, não-seqüencial, cujo texto ramificado (*links*) permite ao leitor escolher a parte de seu interesse. Constitui-se de uma série de fragmentos de textos intermediados por ligações pelas quais o leitor estabelece diferentes caminhos e esquemas. O hipertexto compreende, além disso, a noção de hipermídia, o que inclui modos de informação visuais, animados, como também outras formas de organização de dados. Nesse sentido, ele tem um forte caráter interdisciplinar: quebra as fronteiras entre as áreas do conhecimento e os meios de transmiti-las, além de oferecer graus diferenciados e simultâneos de profundidade temática.

Enquanto o texto é um conjunto de parágrafos sucessivos, reunidos em artigos ou capítulos que são lidos, habitualmente, do princípio ao fim, um hipertexto é um conjunto de dados textuais, que tem um suporte eletrônico, e que podem ser lidos de diversas maneiras, por diversos caminhos. Os dados estão repartidos em elementos ou nós de informação, equivalentes a parágrafos. São elementos marcados por elos semânticos que permitem passar de um para o outro. Os nós estão fisicamente "ancorados" em zonas, como uma palavra ou uma frase. O texto propõe ao leitor um percurso fixo. Já o hipertexto permite ao leitor constituir progressivamente um conjunto fugaz de elementos textuais, sempre que o desejar.

Se de um lado, um texto é uma estrutura linear, mais ou menos, fortemente hierarquizada, com elementos textuais, mais ou menos autônomos, que se ligam coesivamente e coerentemente por relações de ordem, um hipertexto é uma estrutura de rede, cujos elementos textuais são nós, ligados por relações não-lineares e pouco hierarquizadas.

Podemos, então, resumir as características gerais do hipertexto[2]:

a) não-linearidade: característica central, segundo Nelson (1991), refere-se à flexibilidade de navegação permitida pelos nós;

b) volatilidade: característica que faz do hipertexto algo essencialmente virtual, já que, segundo Bolter, 1991, p. 31, não há estabilidade hipertextual porque as escolhas e as conexões estabelecidas pelos leitores/escritores são passageiras;

c) topografia: segundo Bolter, 1931, p. 5, o hipertexto é topográfico e não hierárquico ou tópico, sem limites espaciais definidos de leitura ou escritura;

---

[2] V. MARCUSCHI, 1999.

d) fragmentariedade: segundo Marcuschi (1999), característica também central, que "consiste na constante ligação de porções em geral breves com sempre possíveis retornos ou fugas";

e) acessabilidade ilimitada: podem-se buscar informações em *sites* (ou fontes) os mais variados possíveis;

f) multissemiose: a linguagem deixa de ser apenas alfabética, e pode-se trabalhar simultânea e integradamente com linguagem verbal e não-verbal (cinematográfica, musical, visual, gestual), segundo Bolter (1991:27);

g) interatividade: característica semelhante à da comunicação face a face (como a conversação com um ou mais interlocutores, em tempo real), segundo Bolter (*id. ibid.*), refere-se à interconexão interativa do leitor-navegador com uma multiplicidade de textos e autores;

h) iteratividade: refere-se à intertextualidade, ou seja, às diversas formas de recursividade a notas, citações, consultas de/a outros (hiper)textos.

Leitura e escrita

Por tais características, a fronteira entre leitor e escritor torna-se imprecisa, pois o leitor-navegador não é um mero consumidor passivo, mas um produtor do texto que está lendo, um co-autor ativo, leitor capaz de ligar os diferentes materiais disponíveis, e escolher seu próprio itinerário de navegação, que também pode trazer seus problemas decorrentes da sobrecarga exigida, a que Marcuschi (1999) chama de *stress cognitivo*.

Contudo, como o hipertexto permite relações associativas, num espaço não orientado, elas oferecem ao leitor a descoberta livre e imaginativa de uma relação e a criação de uma associação, desde que ele possa negligenciar toda e qualquer proposição que não lhe convenha e retomar o seu percurso anterior. O leitor passa a ter um papel mais ativo e oportunidade diferente da de um leitor de texto impresso.

A estrutura física de cada página implica uma ordem estritamente linear, mas a seqüência das áreas escritas quebra a linha do discurso em arborescências várias, através da conjugação das divisões e subdivisões. Nesse conjunto há relações topológicas, de distância, de força, de imbricação, de equilíbrio e de descontinuidades. Essa natureza virtual do hipertexto implica a qualificação das relações, já que o contexto, longe de ser estável, é constituído pelo próprio percurso da leitura. A noção intuitiva de contexto é substituída por um ambiente ativo de procura que oferece instrumentos e métodos específicos.

Assim sendo, há uma mudança na concepção de leitor e autor, como se se tratasse de uma autoria coletiva ou de uma co-autoria. Leitura se torna simultaneamente escritura. Leitor escolhe o caminho da leitura e o conteúdo a ser lido, explorando/lendo (hipertexto *exploratório* – Joee, 1995) os espaços virtuais de acordo com seus interesses e necessidades ou construindo/escrevendo (hipertexto *construtivo, idem*) um conjunto de conhecimentos com base em escolhas que vai realizando, que não são necessariamente aleatórias ou naturais. Serão feitas de acordo com aquilo que o leitor/escritor achar mais relevante ou prioritário. Ele é uma espécie de editor do hipertexto em construção. Nesse sentido, jamais teríamos dois hipertextos idênticos.

Assim sendo, a grande novidade dessa deslinearização, segundo Marcuschi (1999) e da constituição plurilinearizada do hipertexto está no rompimento com a ordem da construção textual, tornando-se um princípio de sua construção.

Essas novas características das atividades de leitura e escrita de hipertextos e de sua própria constituição levantam algumas questões sobre processos e demandas desse tipo de leitura/escrita e sobre algumas categorias de análise textual (coesão, coerência, relevância), de análise discursiva, de tipologia (gêneros), autonomia textual, etc., ou seja, há questões de ordem cognitiva e referencial para as quais os analistas do discurso não podemos deixar de procurar respostas. Não vamos discuti-las agora por falta de tempo, mas podemos fazer algumas afirmações que devem ser discutidas e aprofundadas: a leitura e a escrita de um hipertexto exige mecanismos (meta)cognitivos, diferentes dos de leitura/escritura do texto linear; coesividade e coerência são locais no texto linear, enquanto no hipertexto o problema seria mais de macrocoerência, intimamente ligada ao que é relevante para o leitor e/ou escritor de hipertextos, pois a leitura/escrita não pode ser um simples jogo, etc.; texto e hipertexto são unidades de trabalho, e gêneros são objetos (enunciados) que se concretizam em unidades de trabalho.

Implicações didático-pedagógicas e curriculares

Hoje as escolas de Ensino Fundamental e Ensino Médio estão recebendo computadores e mais computadores, que certamente estarão conectados à Internet. Chegam os computadores e chegam os hipertextos. E, assim como os gêneros textuais que circulam na sociedade, vieram alterar as propostas curriculares no ensino de oralidade, leitura e escrita, numa perspectiva de progressão em espiral, tornando-se objetos didáticos, assim também, o hipertexto provocará, sem dúvida, redefinições curriculares, revisão e identificação de fontes, estabelecimento de conhecimentos que possibilite *a ordenação do fragmentário* (MARCUSCHI, 1999, p. 15).

A escola terá, então, que pensar as áreas disciplinares para as quais o uso do hipertexto será mais adequado que o texto tradicional linear. Talvez os hipertextos venham efetivar a implementação da transdisciplinaridade nas escolas, montando-se, por exemplo, hipertextos na Literatura, na História, na Geografia, nas Ciências, etc. Assim, nossos alunos teriam desenvolvidas, ampliadas, melhoradas suas competências (meta)cognitivas e (meta)lingüísticas de/para um novo tipo de leitura e escritura.

Referências

BAKHTIN, Mikhail. (1953). Os gêneros do discurso. In: BAKHTIN, M. *Estética da criação verbal*. 4. ed. São Paulo: Martins Fontes, 1994.

BOLTER, Jay David. *Writing Space*. The Computer, Hypertext, and the Hystory of Wrinting. Hillsdale, N.J.: Lawrence Erlbaum Associates, 1991.

BUSH, Vannevar. *As we may think*. Versão retirada da Internet, 1999.

LÉVY, Pierre. *As tecnologias da inteligência*. Rio de Janeiro: Ed. 34, 1993.

MACHADO, Arlindo. *Máquina e imaginário*. São Paulo: Edusp, 1992.

MALARMÉ, Sthephane. *Lance de dados*. São Paulo: Perspectiva, 1995.

MARCUSCHI, Luiz Antônio. *Linearização, cognição e referência: o desafio do hipertexto*. Comunicação apresentada no IV Colóquio da Associação Latino-americana de Analistas do Discurso. Santiago, Chile, 5 a 9 de abril de 1999.

NELSON, Theodor Holm. Opening Hypertext: A memoir. In: Myron C. TUMAN (Ed.), 1992.

O *chat* como produção de linguagem

Alessandra Sexto Bernardes
Paula M. Teixeira Vieira

Breve percurso pelos caminhos que nos levaram à construção do texto

Focalizando a escrita enquanto prática sociocultural oportunizada especificamente pela Internet, este texto é fruto de uma pesquisa que se caracterizou pela inserção dos pesquisadores na rede mundial de computadores, através da realização de observações participantes em alguns de seus recursos mais conhecidos e utilizados por seus usuários, entre eles, uma grande "massa" de adolescentes: as salas de bate-papo do IRC (acrônimo de Internet Relay Chat).

A imersão no meio virtual nos possibilitou uma aproximação compreensiva de nosso objeto de estudo – a construção/produção da escrita na Internet – atentando para os aspectos da relação investigador-investigado, a especificidade da situação na qual os enunciados produzidos/construídos ocorreram, bem como os sentidos que emergiram no processo de interlocução.

No período de observação, após cada incursão no meio virtual, as interações eram registradas em notas de campo devidamente expandidas. De posse dos dados e artefatos coletados – basicamente gravações das interlocuções ocorridas no meio em estudo[1] – o nosso objetivo ao construir este texto

---

[1] O *corpus* de dados deste texto compõe-se de sessões de bate-papo gravadas no canal # Juiz de Fora do mIRC no período de março a setembro de 2000 e respectivas notas de campo expandidas. A escolha deste canal do mIRC, em especial, deveu-se ao fato de pressupormos que a maioria de seus usuários seriam moradores da cidade de Juiz de Fora, o que facilitaria um posterior contato real, ou seja, presencial, atendendo aos objetivos da pesquisa. Cabe ressaltar que um outro fato relevante consiste também numa suposta generalidade de temas presentes neste canal já que o nome que o designa não se fecha em determinado assunto em especial, o que, para nossa posterior análise do objeto da enunciação nesta esfera específica da comunicação humana, seria de fundamental importância.

foi o de buscar compreender, mais especificamente, *os sentidos que emergiram dos enunciados produzidos em situação de interlocução no canal # "Juiz de Fora" do mIRC, focalizando o chat enquanto produção de linguagem*, valendo-nos das contribuições da teoria enunciativa da linguagem de Mikhail Bakhtin.

Caracterizando os chats

Como se apresentam os atos de ler e escrever no contexto das salas de bate-papo da Internet? O próprio nome que designa esses espaços no meio virtual – canais de *chat*[2] – elucida que os leitores-escritores ali estão empenhados em efetivar uma conversação. Porém, não se trata de uma conversação nos moldes tradicionais, ou seja, de uma conversação face a face, mas, como se sabe, de um projeto discursivo que se realiza só e através das ferramentas do computador via canal eletrônico mediado por um *software*[3] específico. A dimensão temporal desse tipo de interlocução caracteriza-se pela sincronicidade em tempo real aproximando-se de uma conversa telefônica, porém, devido às especificidades do meio que põe os interlocutores em contato, estes devem escrever suas mensagens. Apesar da sensação de estarem falando, os enunciados que produzem são construídos num "texto falado" por escrito (HILGERT, 2000, p. 17), numa "conversação com expressão gráfica" (BARROS, 2000, p. 74).

Para entrar numa sala de encontro virtual, o usuário escolhe um canal – *channel* – partindo de suas áreas de interesses, visto que os canais organizam-se segundo diferentes critérios, propondo conversações sobre os mais variados temas. Uma vez conectado, o usuário precisa identificar-se com seu nome ou um pseudônimo – o *nickname* – para, então, acompanhar ou participar da conversação. Ao abrir o programa, há também outras opções, que podem ou não ser preenchidas, pois a comunicação ali é anônima: *full name; email adress* (endereço eletrônico) e *alternative* (*nickname* alternativo, caso o escolhido já tenha sido registrado por outro usuário). Preenchidos os dados, escolhe-se um servidor[4] clicando em *Conect to IRC server* e, logo depois, através do comando */join #* (# significa canal), imerge-se no canal desejado.

As mensagens aparecem imediatamente nas telas dos computadores de todos os usuários que estiverem conectados àquele canal naquele exato

---

[2] Conversa em inglês.

[3] Um programa – seja um aplicativo (*apllication*), seja sistema operacional (*operating system*) – que um computador pode executar (*execute*), em oposição a *hardware*, o computador propriamente dito.

[4] Servidor é um computador que possui um software que coordena a comunicação entre clientes que são os computadores a ele conectados.

momento. A conversa é pública na tela principal onde, à direita, aparece uma lista com o nome de todos os usuários conectados. Para se trocarem mensagens privadas, a interlocução se efetiva através de telas separadas, denominadas PVT (*private*). Dentro dessas telas, a interação só pode se dar entre dois usuários. No entanto, ao escolher um usuário para iniciar uma conversa, clicando-se duas vezes com o *mouse* no nome desejado ou sendo escolhido, é possível interagir com várias pessoas ao mesmo tempo, na medida em que *janelas* de PVT vão sendo abertas na tela principal do computador. A partir daí, as conversas de desenrolam, numa rede de ligações na qual se recebem mensagens que, se desejadas, podem ser respondidas numa alternância ininterrupta de enunciados.

Essa breve descrição dos mecanismos que se fazem necessários para a inserção nos canais de bate-papo do mIRC é importante para que o leitor possa, mesmo que de modo simples, visualizar e se inteirar do aparato de conhecimentos técnicos de que o usuário deste recurso da Internet tem que dispor para efetivamente nele se situar, alcançando seu objetivo primeiro que é, numa forma bastante simplificada, trocar mensagens com demais usuários em tempo real.

O chat *como produção de linguagem*

Assim como na interação face a face, a interação que se dá "tela a tela", para que seja bem-sucedida, exige, além das habilidades técnicas anteriormente descritas, muito mais do que a simples habilidade lingüística dos interlocutores. No interior de uma enorme coordenação de ações, o fenômeno *chat* também envolve conhecimentos paralingüísticos e socioculturais que devem ser partilhados por seus usuários. Isso significa dizer que essa atividade comunicacional, assim como as demais, se apresenta ligada a uma realização que pode ou não ser local – porque pode se dar em espaços diversos, embora ocorra durante o mesmo tempo – e tem uma vinculação situacional, ou seja, não pode a língua, nessa esfera específica da comunicação humana, ser separada do contexto em que se efetiva (MARCUSCHi, 1991, p. 5-15)[5].

Bakhtin (1895-1975), embora não tenha vivido o suficiente para assistir a esse revolucionário meio de se conversar na contemporaneidade, que são os canais de bate-papo na Internet, nos oferece, através de seus pressupostos

---

[5] Alguns teóricos têm se dedicado a analisar esse fenômeno tão atual e ainda pouquíssimo explorado na literatura lingüística brasileira, porém o fazem sob o prisma da análise da conversação. Não descartaremos aqui as suas contribuições, embora acreditemos que suas análises persigam outros objetivos.

teóricos, um grande e sólido suporte para a busca de compreensão desta nova forma de interação virtual, que se dá via palavra, pois é a linguagem para ele um fenômeno que só pode ser compreendido dentro desta vinculação situacional, ou seja, a linguagem é produzida no e pelo contexto sociocultural. Como caracterizar esta vinculação no contexto desterritorializado da Internet?

No intuito de demonstrar a natureza real da linguagem enquanto fenômeno sócio-ideológico, Bakhtin (1999) teceu uma crítica epistemológica às grandes correntes da lingüística de sua época: o Objetivismo Abstrato e o Subjetivismo Idealista. Reduzindo a língua a um sistema abstrato de normas ou vendo-a como uma expressão da realidade interna, para ele, ambas as correntes não atingiam o verdadeiro núcleo da realidade lingüística: a interação verbal. De acordo com Bakhtin, sendo a palavra o material privilegiado de interação entre as pessoas, não pode a linguagem, portanto, ser compreendida separadamente do fluxo da comunicação verbal:

> A verdadeira substância da língua não é constituída por um sistema abstrato de formas lingüísticas nem pela enunciação monológica isolada, nem pelo ato psicológico de sua produção, mas pelo fenômeno da interação verbal, realizada através da enunciação ou das enunciações, a interação verbal constitui assim a realidade fundamental da língua. (BAKHTIN, 1999, p. 123)

Nesse sentido, como resultado do processo de interação verbal, Bakhtin elege o enunciado que, de acordo com a sua concepção, consiste na unidade básica do discurso oral ou escrito. Porém, destaca que não há enunciado isolado. Para ele, todo enunciado faz parte de um processo de comunicação ininterrupto, pressupondo, além da presença concomitante de um ser falante e de um ser ouvinte, aqueles enunciados que o antecederam e todos os que o sucederão. Caracteriza-se o enunciado, então, como um elo de uma grande cadeia dialógica e só pode ser compreendido no interior dessa cadeia. Desse modo, podemos dizer que, para Bakhtin (ibidem), toda relação entre enunciados é uma relação dialógica.

Apoiamo-nos, assim, na categoria da interação verbal de natureza essencialmente dialógica proposta pelo autor, para conceber o fenômeno *chat* enquanto produção de linguagem. O *chat* apresenta-se na forma de um diálogo concreto entre pessoas, no qual podemos observar um "ritmo conversacional" (XAVIER; SANTOS, 2000, p. 55) que se aproxima da esfera comunicacional cotidiana:

Inicio da sessão: Tue Mar 28 23:22:42 2000[6]
1.<Heitor_3D-_-[W]-[e]-[B]> Oi
2.<girl20> oi
3.<Heitor_3D-_-[W]-[e]-[B]> tc de onde?
4.<girl20> centro e você?
5.<Heitor_3D-_-[W]-[e]-[B]> Bom pastor. Qual seu nome??? Saiu hoje?
6.<girl20> manuella
7.<girl20> não sai não
[...]
Fim da sessão: Mon Mar 20 00:42:48 2000

Porém, os enunciados que fazem parte dos fragmentos acima destacados, não podem ser compreendidos como simples produtos do encontro de dois ou mais interlocutores conectados numa realidade virtual, mas, sim *apreendidos no fluxo de uma interação verbal específica que se processa nesse novo contexto, através de relações de sentido que são, portanto, dialógicas.*

Toda enunciação corresponde, para Bakhtin, a determinado tipo de intercâmbio da comunicação social apresentando, contudo, formas sistemáticas ou tipos estáveis que por ele são denominados gêneros discursivos. Bakhtin distingue gênero do discurso *primário* e gênero do discurso *secundário*. Os primários seriam aqueles mais triviais, naturais de uma conversação espontânea da vida cotidiana imediata, enquanto que os secundários, mais elaborados e principalmente apresentados sob a forma escrita, seriam aqueles apresentados em circunstâncias de comunicações culturais mais complexas e relativamente mais evoluídas. Cada esfera da atividade humana conhece seus gêneros, apropriados à sua especificidade cujos enunciados refletem a sua finalidade, através de determinados estilos verbais (seleção de recursos lingüísticos, lexicais, fraseológicos e gramaticais), de seus conteúdos (temática) e, sobretudo, por sua construção composicional (estruturação e conclusão, relação entre os interlocutores). Os enunciados e o tipo a que pertencem são para Bakhtin "as correias de transmissão que levam da história da sociedade à história da língua" (p. 285). Isso porque, não

---

[6] A partir desse momento do texto, aparecerão, em destaque, recortes de sessões de *chat* do canal já mencionado do mIRC. Mantivemos, em cada um desses recortes, os horários de início e término da sessão realizada, bem como as suas respectivas datas que, de acordo com o programa, apresentam-se na língua inglesa. Esperamos, desse modo, que possa o leitor obter uma visão mais ampla dos fragmentos selecionados, identificando-os como um momento singular de uma determinada interlocução. Optamos também por numerar as linhas – não confundindo-as, aqui, com turnos – no intuito de facilitar a localização delas no momento de análise.

sendo a língua estática, produto de algo dado, mas, fundamentalmente, processual, há em cada época humana a prevalência de determinados gêneros, refletindo, deste modo, todas as transformações por que passa a vida social: "Cada época e cada grupo social têm seu repertório de gêneros discursivos que funciona como espelho que reflete e refrata a realidade. A palavra é a revelação de um espaço no qual os valores fundamentais de uma sociedade se explicitam e se confrontam" (CASTRO; JOBIM e SOUZA, 1997, p. 14). Nas palavras de Bakhtin (1999), as "palavras são tecidas a partir de uma multidão de fios ideológicos e servem de trama a todas as relações sociais em todos os domínios. É, portanto, claro que a palavra será sempre o indicador mais sensível de todas as transformações sociais" (p. 41).

Os gêneros discursivos são vários assim como são diversas e inesgotáveis as práticas sociais da atividade humana. A medida que essas práticas tornam-se cada vez mais complexas, num processo contínuo de evolução, os gêneros do discurso vão sendo incorporados por outros, sofrendo uma nova reestruturação. Esse processo implica, necessariamente, um novo procedimento organizacional e conclusão do todo verbal, modificando também nele o lugar do interlocutor. É esse também o processo de formação dos gêneros secundários que absorvem e transmutam os primários de todas as espécies, que constituíram circunstâncias de uma comunicação verbal espontânea. Ao se tornarem componentes dos gêneros secundários, os primários, perdem, então, a sua relação direta com o contexto imediato e com a realidade dos enunciados alheios.

Dessa maneira, indagamo-nos: Como se formam os enunciados nos canais de bate-papo do mIRC? Poderíamos caracterizá-los como pertencentes ao gênero *chat* – conversa – que se efetiva dentro de uma nova esfera social da comunicação humana, a esfera digital? Se assim o for, qual seria a sua natureza? A que função social estaria atendendo? Qual é a finalidade dos canais de bate-papo da Internet? Quais as especificidades do *chat* como possível gênero da esfera digital da comunicação social humana? Em quais condições específicas se encontra um usuário deste novo recurso da tecnologia digital? Enfim, como tais condições se refletem ou interferem nos enunciados que ali são produzidos/construídos e, portanto, no objeto ou tema sobre o qual ocorreu a enunciação?

Concebemos aqui o *chat* como uma conversa espontânea, mas que, devido às suas condições de produção via computador realiza-se com o suporte da escrita reestruturada, portanto, em outros moldes que não os de uma conversação que se realiza face a face. Tomemos como exemplar o fragmento que se segue e vejamos como se apresentam a estrutura composicional e organizacional de seus enunciados:

Inicio da sessão: Fri May 19 02:00:56 2000

1.<||Zero-Cool||> Oi quer tc?
2.<[lilijf]> oi!
3.<[lilijf]> td bem?
4.<||Zero-Cool||> tudu e com vc?
5.<[lilijf]> tudo bem tb!
6.<||Zero-Cool||> qts anos vc tem?
7.<[lilijf]> tenho 26
8.<[lilijf]> e vc?
9.<||Zero-Cool||> faço 15 hj
10.<||Zero-Cool||> oq vc faz?
11.<[lilijf]> mesmo?
12.<[lilijf]> FELIZ ANIVERSARIO!!!!!
13.<[lilijf]> estudo
14.<||Zero-Cool||> valeu
15.<||Zero-Cool||> ':)
16.<||Zero-Cool||> oq q vc estuda?
17.<[lilijf]> me formei em pedagogia
18.<[lilijf]> hj trabalho num grupo de pesquisa
19.<[lilijf]> eh, a pesquisa e quase q um estudo, uma continuaçao
20.<||Zero-Cool||> hhhhhhhummmmmm
21.<[lilijf]> vc tb ta estudando?
22.<||Zero-Cool||> to
23.<||Zero-Cool||> eu estudo na escola normal mais tá em greve
24.<[lilijf]> eh, to sabendo
25.<||Zero-Cool||> é
26.<[lilijf]> mas, no final todo mundo sai prejudicado
27.<||Zero-Cool||> mais nao é só isso q eles tao querendo é uma serie de coisas
28.<||Zero-Cool||> pois é e os alunos sem aula e eles sem o dinheirimho deles no bolso
29.<[lilijf]> e mesmo
30.<||Zero-Cool||> mais dentro de alguns dias achu q já deve ter resolvido tudu
31.<[lilijf]> tomara q sim
32.<||Zero-Cool||> é

33.< | | Zero-Cool | | > mudando de assunto
34.<[lilijf]> an
35.< | | Zero-Cool | | > qq vc gosta de fazer?[...]
Fim **da sessão**: Fri May 19 03:11:34 2000

A recorrência de períodos curtos e simples, o aparecimento de marcas de envolvimento entre os interlocutores, o alto tom de informalidade e descontração que predomina no diálogo, assim como a presença de marcadores conversacionais, são apenas algumas das características que parecem indicar uma possível aproximação deste texto com aspectos da fala cotidiana; entretanto, como pudemos observar, os enunciados que o compõem apresentam uma nova "reconfiguração das formatações tradicionais da escrita" (XAVIER; SANTOS, 2000, p. 53).

Nas salas ou canais de bate-papo da Internet, os interlocutores se encontram empenhados num projeto discursivo que, como nas demais esferas da comunicação social, também se efetiva através de tipos estáveis de enunciados (gêneros discursivos). Para Barros (2000) e Hilgert (2000), o texto produzido nos *chats*, embora medialmente escritos, também põe em uso a modalidade da fala. Isso significa dizer que, para esses autores, o *chat* apresenta uma nova articulação das linguagens oral e escrita que, concebidas como modos complementares de ver e compreender o mundo, certamente também possibilitam modos e formas diversas de produzir sentidos e estabelecer relações entre os sujeitos nas situações de interação/interlocução.

Ao mesclar, em sua composição, elementos da oralidade com os da escrita, o texto do *chat* também apresenta uma vinculação estreita com a realidade social imediata. Esta vinculação está, certamente, calcada em um outro nível de corporeidade dos interlocutores. Esses encontram-se distanciados em relação ao espaço físico, ou seja, cada um envia ou recebe mensagens através do seu próprio computador, amparados pelo anonimato da tela, do lugar em que se encontram, sejam próximos territorialmente ou não. No fragmento em destaque, "{Thunder}", ao buscar elementos que contribuam para a formação de uma imagem espectral de sua interlocutora, lança mão de um dos aspectos da realidade que o circunda – o clima frio – e , consciente das limitações impostas pelo meio virtual, aborda sua interlocutora de forma bastante interessante:

Inicio da sessão: Sun Jul 09 01:19:29 2000

<{Thunder}> Oiiiiiiiiiiiiiii, Lili...

<{Thunder}> Como vai vc?

<[lilijf]> OI!!1

<{Thunder}> Está fazendo frio aí em JF?<[lilijf]> nao mto
<{Thunder}> E pq vc está com esta blusa de lã aí?
<{Thunder}> Está toda empacotada...?!
<[lilijf]> hahahah
<[lilijf]> como adivinhou?
<{Thunder}> Poxa...
<{Thunder}> Eu tô te vendo!
<{Thunder}> N muito bem, mas daqui eu tenho uma vista razoável.
<{Thunder}> Só n me pergunte mais detalhes, viu?
<[lilijf]> hahahahaha
<[lilijf]> ta legal
[...]
Fim da sessão: Sun Jul 09 02:11:59 2000

Num nível de corporeidade não-física, mas espectral, a comunicação nesse contexto ocorre via escrita e, para se fazerem compreender, os interlocutores interagem num mundo virtual que não pressupõe o deslocamento pelo espaço real de suas próprias vozes e de seus próprios corpos, mas, sim, o movimento do *mouse* em direção a um comando de "envio" que precisa ser acionado para que a mensagem que se quer lida atinja o seu destino. Porém, a troca das mensagens acontece em tempo real. Nasce daí, a necessidade do interlocutor de não só se ressituar em relação ao outro – a questão do próximo e da alteridade[7] – mas também de reorganizar a construção dos enunciados.

Podemos afirmar que os enunciados produzidos nas salas ou canais de bate-papo apresentam estruturas composicionais e organizacionais comuns à linguagem oral e à linguagem escrita justamente pelo fato de se processarem através de um suporte específico – o computador – que predeterminam suas condições de produção/construção. Para compreendermos essa construção/produção precisamos considerar, então, não só o fato de o enunciado ser apenas um dos elos do intercâmbio comunicacional que ali ocorre e que dali decorre, possuindo estreitos vínculos com a efetiva situação social que o gera (BAKHTIN, 1999), mas também que sua produção acontece dentro dos limites e possibilidades da programação do sistema eletrônico-digital que os engendra (HILGERT, 2000; BARROS, 2000).

---

[7] Para Virilio (2000) "não há corpo próprio sem mundo próprio, sem situação [...] O corpo próprio está situado em relação ao outro [...] e em relação ao mundo próprio [...] Os tempos tecnológicos, provocando a telepresença procuram fazer-nos perder definitivamente o corpo próprio em proveito do amor imoderado pelo corpo virtual" (p. 49). Segundo ele há uma ameaça considerável de perda do outro, de declínio da presença física em proveito de uma presença imaterial e fantástica.

Na interação verbal que ali se processa, só é possível que um dos interlocutores faça uso da palavra por vez, não podendo, desse modo, acompanhar ou interferir nos seus respectivos monitores/computadores, a gradativa formulação dos enunciados de seu parceiro da comunicação. Os enunciados são primeiramente elaborados pelo sujeito enunciador para, somente depois de concluída a sua formulação, ser enviados a um interlocutor-ouvinte. É só nesse momento de elaboração que podem sofrer alterações ou reformulações. O enunciado não se apresenta na tela do outro interlocutor concomitantemente ao seu momento de produção, ou seja, não permite uma intervenção imediata no espaço da palavra do outro[8]. O trecho em destaque é bastante significativo neste sentido:

Inicio da sessão: Tue Jun 20 00:50:29 2000
1.<Bino> oi lili q tc ?
2.<[lilijf]> oi Bino!
3.<[lilijf]> td bem
4.<[lilijf]> e contigo?
5.<Bino> tudo na medida do possivel!
6.<[lilijf]> eh, comigo tb
7.<Bino> ainda bem!
8.<Bino> vc tem quantos anos,lili?
9.<[lilijf]> tenho 26
10.<Bino> tenho 16 ? te agrada?
11.<[lilijf]> claro
12.<[lilijf]> nenhum problema pra mim
13.<[lilijf]> pra vc?
14.<Bino> de ipotese alguma?
15.<Bino> ops... em hipotese alguma!!
16.<[lilijf]> q bom
17.<Bino> faz o q ja q tem 26 anos?[...]
Fim da sessão: Tue Jun 20 01:44:27 2000

Desse modo, ficam ausentes no texto dos canais de bate-papo deste programa em particular, vestígios deixados por seu escritor, que demonstrem marcas de formulação ou reformulação. Esses procedimentos só aparecem

---

[8] Numa conversação face a face são comuns os momentos em que ocorre sobreposição de falas, mesmo sendo breves. Já nos *chats* essa sobreposição não ocorre de maneira nenhuma por determinação do próprio meio digital (HILGERT, 2000, p. 30).

quando, como no exemplo acima, percebe o interlocutor, através da leitura na tela de seu próprio monitor, um erro ou problema de formulação de um dado enunciado. "Bino", na linha 15, reconstrói seu enunciado anterior, sem que "[lilijf]" interfira nesse processo de reconstrução, dando, então, continuidade ao diálogo. Numa interação face a face é impossível para o sujeito enunciador voltar atrás, apagando de seu discurso o que anteriormente foi dito, ao contrário do que acontece no fragmento destacado. Nesse aspecto, o texto do *chat*, especificamente o produzido no mIRC, aproxima-se da modalidade escrita do discurso uma vez que, se achar necessário, o interlocutor pode reelaborar seus enunciados, antes de enviá-los para seu ouvinte.

Devido à situação em que se encontram, distantes de si mesmos fisicamente e pela voz, também não dispõem os interlocutores, como numa interação face a face, de um mesmo *feedback*[9] lingüístico, paralingüístico ou extralingüístico que interfiram nos rumos da formulação dos enunciados ou que indiquem o grau de interesse que suas considerações estão despertando. Para construir a sua réplica, o interlocutor tem de ler em sua tela o enunciado do outro como um todo para, somente após esse momento de leitura, construir um outro enunciado que lhe complemente o sentido, dando continuidade à cadeia interlocutiva.

O tempo de formulação de um enunciado é, nessas condições, curto, limitado, porque o interlocutor tem de escrever pressionado pela premência de uma resposta a uma mensagem que lhe foi enviada pelo outro ou porque está, por sua vez, aguardando uma resposta. Para que o processo discursivo não perca seu andamento – o que certamente não significa romper com a cadeia dialógica dos enunciados que ali se instaura – morosidade incabível em uma conversa "quase espontânea", a alternância dos sujeitos falantes apresenta-se geralmente de modo mais veloz do que numa interação face a face. Entretanto, a transição dos "turnos"[10] depende da velocidade própria do computador que, por sua vez, pode ser lenta no momento da transmissão *on-line*[11] dos dados.

Os enunciados nesse novo contexto caracterizam-se, portanto, por serem breves e concisos, expressos através de uma escrita geralmente abreviada, cujos aspectos normativos são de segunda ordem. Para suprir a ausência do

---

[9] *"Sinais do ouvinte"*, para Marcuschi apud Hilgert (2000).

[10] Adotamos este termo por considerá-lo adequado para exemplificar um dos aspectos organizacionais básicos de uma conversa que se efetiva via *chat*. Além de explicitar a dinâmica desta atividade comunicacional, esta designação permite-nos evidenciar para o leitor nossa compreensão da sua essencial diferença para o conceito bakhtiniano de enunciado e alternância de sujeitos falantes. Dessa diferenciação decorre uma compreensão mais ampla do caráter interativo dos *chats* que ultrapassa, certamente, os limites impostos pela definição deste termo enquanto "aquilo que um indivíduo faz e diz, enquanto está na vez de falar" (HILGERT, 2000, p. 26) proposto pela análise da conversação.

[11] Continuamente conectado.

tom de voz, gestos e expressões faciais próprias de uma interação face a face, os interlocutores desse meio eletrônico também lançam mão de outros recursos que, além de expressar sentimentos e emoções, cumprem, no espaço dos *chats*, funções de comunicação. Considere-se este segmento de uma das sessões que compõe o nosso *corpus* de dados:

Inicio da sessão: Fri May 19 02:02:38 2000

1.<Rolls_> olá tudo bemm????? ;-)
2.<[lilijf]> oi, tudo!
3.<[lilijf]> e com vc?
4.<Rolls_> +- L e aí tc de JF mesmo?
5.<[lilijf]> sim
6.<[lilijf]> e vc?
7.<Rolls_> tb qts anos?
8.<[lilijf]> tenho 26
9.<[lilijf]> e vc?
10.<Rolls_> poxa eu tenhu um pokim - hehe 18
11.<Rolls_> e aí animada pra festa country?
12.<[lilijf]> nada...
13.<Rolls_> XIIIIIIIIIII pq? vc é + caseira? :-/
14.<[lilijf]> sou sim
15.<Rolls_> hehe injuo di sair n"e
16.<Rolls_> aposto ki é pelo namorado né?
17.<[lilijf]> ate q saio, mas naum to mto pra confusaum naum
18.<Rolls_> a eu tb num sou de sair muito nao mas eu vou nakela festa nu zeze e nu paralamas
19.<[lilijf]> nossa, o show do paralamas deve ficar mto bom!
[...]
20.<Rolls_> HUUUUUMMMMMMMMM
21.<Rolls_> poxa xou eu axu ki tem akela coisa animada ne
22.<Rolls_> eu adro o ze ramaio mas num vou nu xou dele nao
23.<Rolls_> mas aki c num vai nenhum dia??????
24.<[lilijf]> vou naum
[...]
25.<[lilijf]> vc frequenta esse canal ha mais tempo?
26.<Rolls_> é eu nunca tinha visto seu nick
27.<Rolls_> a tem mais de um ano

28.<[lilijf]> ah, ta!!!!!!!!!!!!!!!!!![...]
29.<Rolls-curioso> aki eu escrevo tudo errado aki na net percebeu?????
30.<[lilijf]> mas naum e pra ser assim?
31.<Rolls_-_> a todo mundo escreve HERRADO
32.<[lilijf]> hehehe
33.<Rolls_-_> num é só mim
34.<Rolls_-_> hah
35.<Rolls_-_> aa
36.<[lilijf]> hahahahahaha
37.<Rolls_-_> poxa
38.<[lilijf]> pq vc acha q essa escrita ficou assim?
39.<[lilijf]> aki no chat
40.<Rolls_-_> é ki vai mais rapido
41.<[lilijf]> e, tb acho
42.<[lilijf]> mas to me acostumando ainda
43.<Rolls_-_> a copiando todo mundo
44.<[lilijf]> eh
45.<Rolls_-_> saca
46.<Rolls_-_> po vou tentar parar
47.<[lilijf]> parar o q?
48.<Rolls_-_> otro dia ja ia botando Rolls na minha prova
49.<Rolls_-_> é mole
50.<[lilijf]> hahaha
51.<[lilijf]> ce acostuma ne?
52.<Rolls_-_> di escrever errrado
53.<Rolls_-_> é ja acustumei
54.<[lilijf]> ja escreveu outras coisas como aki na net na hora de escrever no papel/
55.<Rolls_-_> nao até ki nao
56.<Rolls_-_> mas sempre quase
57.<[lilijf]> entendi
58.<Rolls_-_> aki axu ki eu to indo
59.<[lilijf]> mas ja?
60<[lilijf]> :(
Fim da sessão: Fri May 19 03:11:34 2000

O tempo transcorrido entre um pensamento e a escrita de uma palavra ou frase e a sua visualização na tela – o que demanda do interlocutor, destreza e agilidade no momento em que está "teclando." Diante disso, Hilgert (2000) indaga se a irrelevância do uso correto dos padrões da língua culta também não estaria relacionada a uma tentativa dos próprios interlocutores de imprimir uma espécie de caráter "falado" naquilo que escrevem.[12] Assim, eventuais problemas de digitação e equívocos no uso padronizado da língua que aparecem no texto dos *chats* com uma freqüência considerável – aspecto que tem sido alvo de críticas certamente infundadas – podem, para esse autor, ser resultantes de uma espécie de impulso formulativo do enunciado ou estar relacionados a essa tentativa de "re-oralização" por parte do interlocutor das salas de bate-papo.

Vimos que, no recorte anteriormente apresentado, o apagamento de uma série de constituintes da oração, como o sujeito e o verbo (ver linha 7, por exemplo); os erros de digitação (linhas 15, 22, 52 e 54); o excesso de pontos de interrogação e exclamação (linhas 1, 23, 28 e 29); a ausência de sinais de pontuação e acentuação perceptíveis em quase todo o fragmento, não comprometem a compreensão dos enunciados produzidos/construídos, uma vez que esta decorre da interrelação dos turnos. A presença dos *emoticons*[13] nas linhas 1, 4, 13 e 60 também contribui para o processo de compreensão dos enunciados ali produzidos, uma vez que se caracterizam enquanto ícones que traduzem as emoções do enunciador diante do enunciatário.

Aproximando-se ora da modalidade da fala, ora da modalidade da escrita, o interlocutor das salas de bate-papo prossegue em busca da compreensão dos sentidos que emergem no discurso do outro. Isso porque, de acordo com Bakhtin (1992; 1993; 1999), em toda esfera da atividade humana o fenômeno lingüístico comporta duas faces, ou seja, para que o enunciado ocorra, pressupõe-se sempre a existência de um falante e de um ouvinte. Concordando, discordando, completando, opinando sobre o tema que ali

---

[12] Este autor demonstra que algumas das tentativas dos interlocutores dos *chats* em imprimir um caráter "falado" ao que compulsoriamente tem de ser escrito – fenômeno que denomina de re-oralização – consistem, por exemplo, no uso abusivo de sinais pontuação e na total ausência deles em certos momentos do diálogo.

No primeiro caso, procuram os interlocutores evocar "impressões da interação face a face, dificilmente traduzíveis por escrito" (p. 42). No caso da supressão dos sinais de pontuação, Hilgert nos lembra que "muitos usos dos sinais de pontuação na escrita são uma representação gráfica de um fenômeno fônico (entoação ou pausa)" (p. 42); assim a pontuação alternativa no textos dos chats seria outra tentativa de retorno ao oral.

[13] Um *smiley* ou outras carinhas cuja melhor visualização ocorre quando se inclina a cabeça para a esquerda. São formadas, geralmente, por caracteres de pontuação, daí serem chamadas também por *caracteretas*.

se constituiu enquanto objeto da interlocução discursiva, numa rapidez quase instantânea, promove-se uma alternância desejada na qual o ouvinte não é passivo, porque assume uma atitude responsiva ativa diante do texto que lê. Nesse sentido, também no contexto das salas de bate-papo "compreender é, portanto, opor à palavra do locutor uma contrapalavra" (BAKHTIN, 1999, p. 132).

Ora, para Bakhtin, o que determina a palavra é que ela procede de alguém e se dirige para alguém. No entanto, a orientação para um outro pressupõe que se leve também em consideração a interação sócio-hierárquica que permeia a relação entre os interlocutores em dada esfera da comunicação verbal. Ter, pois, um destinatário é, para esse autor, uma particularidade constitutiva do enunciado, sem a qual ele não existe. Toda expressão lingüística está orientada, assim, para um outro – o que permite pressupor a existência de um auditório social. Para Bakhtin o falante e o seu *auditório social* é que irão definir a própria *situação da enunciação* – que é concebida como a efetiva realização na vida real de uma das formas do intercâmbio comunicativo social – e o repertório dos *gêneros discursivos* no momento de toda e qualquer interlocução.

Entretanto, faz-se necessário relembrar neste momento que Bakhtin definiu essas categorias apoiando-se nas particularidades de um gênero determinado – o romance – e, que, portanto, diferencia-se qualitativa e quantitativamente do gênero *chat*. No contexto específico da esfera digital da comunicação, tais categorias delineiam-se certamente sob outros aspectos, característicos de uma realidade outra, virtual. Nas salas de bate-papo, a identidade dos interlocutores não é definida, assim como numa típica interação analisada por Bakhtin, por seus lugares sociais. Fazendo parte de uma comunidade virtual, dispersa e desterritorializada (LÉVY, 1999; VIRILIO, 1999; CASALEGNO, 1999; MARQUES, 1999), os interlocutores na Internet parecem estar menos unidos por suas posições de classe do que por temas afins. Não sendo fixamente definido por seu lugar social, compreendido como partícipe de um grupo ou classe, o indivíduo é, na Rede[14], fruto de sua expressão via palavra, e será somente na e pela linguagem escrita que se poderá vislumbrar a sua identidade.

Um outro elemento fundamental para Bakhtin na constituição dos sentidos da parte verbal (as palavras, formas morfológicas ou sintáticas, os

---

[14] Lembremos aqui que estamos nos referindo em especial ao usuário do mIRC, que não dispõe, ainda, de outros aparatos da tecnologia informacional eletrônica como, por exemplo, as *webcans* (câmeras de vídeo conectadas à internet). Há na Revista *Superinteressante* da Editora Abril, ano 14, n. 9, set./2000 uma reportagem bastante elucidativa deste novo recurso à disposição dos usuários da Internet.

sons, as entoações) da enunciação consiste justamente na sua parte extraverbal, ou seja, todo enunciado concreto, como um todo significativo, compreende duas partes: uma parte percebida e realizada em palavras e outra parte, subentendida, que é presumida pelos interlocutores. O discurso verbal nasce, portanto, de uma situação extraverbal, pragmática e está intimamente conectado a essa situação que o engendrou, por isso não pode dissociar-se do social, da vida, sob pena de perder sua significação (BRAIT, 1994). Três aspectos da parte extraverbal da enunciação são fundamentais para Bakhtin na constituição do sentido dos enunciados: o espaço e o tempo no qual ocorre a enunciação (onde, quando e a unidade do que é visível pelos interlocutores no momento da interação verbal); o objeto ou tema sobre o qual ocorre a enunciação (aquilo de que se fala); a valoração (a atitude dos falantes diante do que ocorre).

Todo e qualquer enunciado depende diretamente desses fatores que dão sustentação ao que é dito. Que peculiaridades assumem esses fatores no contexto das salas de bate-papo? Como compreender as categorias de espaço e tempo nessa nova esfera da comunicação humana?[15] Em que medida o objeto da comunicação discursiva – em foco neste texto – se entrelaça com os demais fatores? Consideramos juntamente com Bakhtin que cada ato de fala conta com algo que se refere ao horizonte espacial e ideacional dos falantes e que, portanto, é presumido por eles e é graças ao fato de haver algo presumido pelos interlocutores que a comunicação discursiva acontece. De que maneira esse horizonte é definido pelos interlocutores dos *chats* no momento de se efetivar a comunicação, já que se encontram num outro nível de corporeidade e não compartilham de uma unidade espacial que lhes é visível? Que pistas, então, perseguem no intuito de compreender o enunciado do outro, dando continuidade à cadeia interlocutiva?

Estabelecendo um firme elo entre o discurso verbal e o contexto extraverbal, a entoação é para Bakhtin um outro elemento que demonstra a natureza social do discurso. Segundo ele, a entoação revela na estrutura formal da fala, no enunciado, todo um conjunto de valores pressupostos no meio social onde se efetiva a interação discursiva. Desse modo, compreendemos juntamente com o autor que qualquer palavra falada ou escrita dentro de

---

[15] Segundo Virilio (2000) "a aplicação do tempo real pelas novas tecnologias é, quer se queira quer não, a aplicação de um tempo sem relação com o tempo histórico, isto é, um tempo mundial" (p. 13). Ainda para esse autor a noção de espaço também tem de ser reconceituada, não mais em termos geográficos, já que "a questão da telepresença deslocaliza a posição, a situação do corpo. Todo o problema da realidade virtual, é essencialmente de negar o *hic et nunc*, de negar o 'aqui' em proveito do 'agora' (p. 48). Virilio afirma que estamos presenciando um acontecimento sem referência com o surgimento do cibermundo. A inovação de um terceiro intervalo, o do gênero luz, aniquila, simultaneamente os intervalos de espaço e de tempo.

um processo de comunicação inteligível está intimamente relacionada ao contexto social; portanto, é expressão e produto de uma dada interação. Como se processa a interação entre os usuários das salas de bate-papo já que, como vimos, seus contextos sociais não estão previamente e territorialmente definidos?

Considerações finais

Essas são questões desafiadoras para as quais certamente não temos ainda respostas rápidas ou definitivas, porém, acreditamos que, de qualquer forma, essa interação só é possível de se processar via palavra, ou seja, na e pela linguagem e que se dá necessariamente entre falante, ouvinte e tópico do discurso. Partes constitutivas do discurso, esses elementos são essenciais para uma compreensão da construção/produção da enunciação em qualquer contexto de trocas verbais, já que existe entre eles um grau de proximidade recíproca: "a interrelação entre o falante e o tópico nunca é realmente uma relação íntima de dois, mas o tempo todo leva em conta o terceiro participante – o ouvinte –, que exerce influência crucial, portanto, sobre todos os fatores do discurso" (BRAIT, 1994, p. 21). Unidos pelo tópico discursivo, ou seja, pelo o que ali se fala ou se elege enquanto tema a ser discutido[16], estão os interlocutores dos canais de bate-papo, ao mesmo tempo, presumindo o que o outro tem a lhe dizer, orientando-se em relação à enunciação do outro no intuito de compreendê-la e imprimindo nos enunciados que constróem as marcas de sua identidade social.

Enfim, todas essas considerações e reflexões em torno da teoria enunciativa da linguagem de Bakhtin nos permitem conceber o *chat* enquanto produção de linguagem. Além disso nos indicam o possível surgimento, dentro de um novo espaço de enunciação, de um novo gênero discursivo com uma variada tipologização de textos. Acreditamos, deste modo, que o *chat* possa estar trazendo uma nova forma de ler/escrever. Forma que se está desenvolvendo numa nova esfera de uso possibilitada pela Internet. Essa perspectiva nos permite fazer uma tipologização de textos – o texto dos *chats*, o texto presente no *e-mail*, etc – que derivam da estrutura composicional do gênero discursivo internético.

Se os gêneros textuais/discursivos mais tradicionais presentes em nossa sociedade letrada, alcançaram o espaço de produção do ensino, também os *chats* brevemente alcançarão. Refletir sobre uma possível apropriação

---

[16] Neste espaço específico de trocas verbais, a escolha do assunto a ser tratado ocorre, diferentemente da escrita de um texto nos moldes tradicionais (descontextualizada), durante o processo. Devido à possibilidade de interação paralelas, os tópicos podem ou não centrar-se em temas afins.

desse novo gênero da contemporaneidade pelo contexto do ensino, não é, pois, tarefa para um futuro distante.

Referências

BRAIT, Beth. As vozes bakhtinianas e o diálogo inconcluso. In: BARROS, Diana Pessoa de; FIORIN, José Luiz (Orgs.). *Dialogismo, polifonia, intertextualidade*. São Paulo: EdUSP, 1994.

BAKHTIN, M. (Volochinov). *Marxismo e filosofia da linguagem*. 9 ed. São Paulo: Hucitec, 1999.

_____. La construcción de la enunciación. In: SILVESTRI, Adriana & BLANCK, Guilhermo. *Bajtín y Vigotski: la organización de la consciencia*. Barcelona: Anthropos, 1993.

_____. *Estética da criação verbal*. São Paulo: Martins Fontes, 1992.

BARROS, Diana Luz Pessoa de. Entre a fala e a escrita: algumas reflexões sobre as posições intermediárias. In: PRETI, Dino (Org.) *Fala e escrita em questão*. São Paulo: Humanitas, FFLCH, USP, 2000.

CALVINO, Italo. *Palomar*. São Paulo: Companhia das Letras, 1994.

_____. *Seis Propostas para o próximo milênio*. São Paulo: Companhia das Letras, 1990.

CASALEGNO, Federico. Hiperliteratura, sociedades hipertextuais e ambientes comunicacionais. In: MARTINS, Francisco Menezes; SILVA, Juremir Machado da. (Orgs.). *Para navegar no século XXI. Tecnologias do imaginário e cibercultura*. Porto Alegre: Sulina/Edipucrs, 1999, p. 195-216.

CASTRO, Lucia Rabello de; JOBIM E SOUZA, Solange. *Pesquisando com crianças: subjetividade infantil, dialogismo e gênero discursivo*, 1997. (mimeo).

FRAGO, Antônio Viñao. Leer y escribir (siglos XIX-XX). Educação em Revista. Belo Horizonte, n. 29, jun/99, p. 61-82.

FREITAS, Maria Teresa Assunção de. Pesquisando leitura e escrita de adolescentes. Relatório Final da Pesquisa *Práticas socioculturais de leitura e escrita de crianças e adolescentes*, 1999 (mimeo.)

FREITAS, Maria Teresa de Assunção; COSTA, Sérgio Roberto. Projeto de Pesquisa "A construção/produção da escrita na Internet e na escola: uma abordagem sociocultural, 1999. (mimeo)

HILGERT, José Gaston. A construção do texto "falado" por escrito: a conversação na Internet. In: PRETI, Dino (Org.) *Fala e escrita em questão*. São Paulo: Humanitas, FFLCH, USP, 2000.

JOBIM e SOUZA, Solange. *Infância e linguagem: Bakhtin, Vygotsky e Benjamim.* Campinas, São Paulo: Papirus, 1994.

LÉVY, Pierre. *O que é virtual.* Rio de Janeiro: Ed. 34, 1997.

_____ . A revolução contemporânea em matéria de comunicação. In: MARTINS, Francisco Menezes; SILVA, Juremir Machado da. (Orgs). *Para navegar no século XXI.* Tecnologias do imaginário e cibercultura. Porto Alegre: Sulina/Edipucrs, 1999, p. 195-216.

MARCUSCHI, Luis Antônio. *Análise da conversação.* São Paulo: Ática, 1991.

MARQUES, Mario Osorio. *A escola no computador.* Linguagens rearticuladas, educação outra. Ijuí: Ed. UNIJUÍ, 1999. (Coleção Fronteiras da Educação).

VIRILIO, Paul. O resto do tempo. In: MARTINS, Francisco Menezes & SILVA, Juremir Machado da. (Orgs.). *Para navegar no século XXI.* Tecnologias do imaginário e cibercultura. Porto Alegre: Sulina/Edipucrs, 1999, p. 195-216.

_____ . *Cibermundo: a política do pior.* Lisboa: Teorema, março/2000.

VYGOTKSKY, Lev. S. *Formação social da mente: desenvolvimento dos processos psicológicos superiores.* 6 ed. São Paulo: Martins Fontes, 1998.

_____ . *Obras escogidas IV.* Psícologia Infantil (Incluye Paidologia del adolescente. Problemas de la psicología infantil). Editorial Pedagógica, Moscú, 1984.

XAVIER, Antônio Carlos; SANTOS, Carmi Ferraz. O texto eletrônico e os gêneros do discurso. In: *Veredas – Revista de Estudos Linguísticos da UFJF,* v.4, n.1, jan./jun. 2000. Juiz de Fora: Ed. UFJF, 2000, p.51-57.

A produção discursiva nas salas de bate-papo: formas e características processuais

Ana Paula M. S. Pereira
Mirtes Zoé da Silva Moura

> Toda viagem destina-se a ultrapassar fronteiras, tanto dissolvendo-as quanto recriando-as. Ao mesmo tempo que demarca diferenças, singularidades ou alteridades, demarca semelhanças, continuidades, ressonâncias. Tanto singulariza como universaliza. Projeta no espaço e no tempo um eu nômade, reconhecendo as diversidades e tecendo as continuidades.
>
> *Octavio Ianni*

A viagem que nos propomos a realizar tem início na pesquisa *A construção/produção da escrita na Internet e na escola: uma abordagem sociocultural*[1]. Esta pesquisa, de caráter qualitativo, teve por objetivo compreender a construção/produção da escrita por adolescentes-estudantes usuários de Internet.

Ultrapassando as fronteiras do real, mergulhamos no virtual buscando compreender esse espaço e as produções discursivas que nele ocorrem. Navegamos em *sites* freqüentados por adolescentes, compartilhamos de listas de discussão e de salas de bate-papo. Desse trabalho de campo, emergiram diversas categorias de análise.

O caminho que pretendemos seguir nesta viagem delineia-se pela categoria *a construção da escrita na Internet: formas e características,* que será analisada e interpretada à luz da perspectiva sócio-histórica.

Por causa da diversidade da escrita que ocorre nos diversos ambientes da Internet, fizemos um recorte e optamos por analisar os artefatos colhidos

---

[1] Pesquisa desenvolvida pelo LIC, da FACED/UFJF, coordenada pelos professores doutores Maria Teresa de Assunção Freitas e Sérgio Roberto Costa, com o apoio do CNPq e da FAPEMIG.

nas salas de bate-papo,[2] o espaço que freqüentamos mais sistematicamente. Nessas salas virtuais, há uma troca de mensagens que ocorre em tempo real, ou seja, os interlocutores estão simultaneamente conectados, através de terminais de computadores interligados em rede. A essa troca de mensagens denominamos conversação nas salas de bate-papo.

Existem vários programas que permitem essa conversação. Os *links* "bate-papo" e *chat* dos provedores UOL e ZAZ, respectivamente, e os canais do ICQ e do IRC[3] foram por nós os mais freqüentados. Esses ambientes se organizam por assuntos os mais variados: namoro, idade, temas livres, cidades e por grupos menores: colégios, clubes, etc, atendendo aos interesses dos usuários.

Os interlocutores que compartilham das salas de bate-papo "conversam" no tempo *on-line*, num espaço virtual, mas a situação de produção não é face a face. Pela imposição do instrumento mediador – o computador – esta conversa é escrita/teclada.

O objetivo deste texto é, portanto, analisar e interpretar a construção/produção da escrita, que ocorre em salas de bate-papo, como processo discursivo. Para tal, procuraremos responder às seguintes perguntas: Como os adolescentes escrevem nas salas de bate-papo? Que recursos lingüístico-discursivos são utilizados no processo de construção desse tipo de conversação?

Nossa análise está ancorada na teoria enunciativa de Bakhtin (1997) e se valerá também da contribuição de autores contemporâneos como Ong (1982, 1998), Olson (1995), Marcuschi (1991), Rojo (1995), Costa (1997) e outros que abordam a questão da oralidade e da escrita como um *continuum*, superando posições rígidas que concebem a linguagem oral e a linguagem escrita como esferas dicotômicas.

Nessa travessia, abordaremos, num primeiro momento, a questão da oralidade e da escrita traçando um panorama da evolução de ambas e as múltiplas influências que uma exerceu/exerce sobre a outra. Num segundo momento, estaremos interpretando a escrita que ocorre nas salas de bate-papo, enfatizando o processo de construção dessa escrita e suas características específicas.

Nos trilhos da oralidade e da escrita

> São muitos os que buscam os caminhos do mundo [...] Mas os caminhos do mundo não estão traçados. Ainda que haja muitos desenhados nas cartografias, emaranhados

---

[2] Também chamadas de *chats* ou canais.
[3] ICQ e IRC são protocolos para programas que permitem entrar de forma síncrona em um bate-papo (*chat*).

> nos atlas, todo viajante busca abrir caminho novo, desvendar o desconhecido, alcançar a surpresa ou o deslumbramento. A rigor, cada viajante abre seu caminho, não só quando desbrava o desconhecido, mas inclusive quando redesenha o conhecido.
>
> *Octavio Ianni*

Nossa travessia inicia-se pelas "cartografias" e pelos "atlas" da oralidade e da escrita já desenhados por autores contemporâneos.

Ser homem é existir na linguagem. São múltiplas as linguagens criadas pelos homens, com o objetivo de se comunicarem. A linguagem oral – o som articulado – é a forma básica utilizada pelo homem para se fazer entender e entender o outro. Por mais que haja uma riqueza incontestável na linguagem gestual dos surdos/mudos, a linguagem oral tem importância capital, pois segundo Ong (1998, p. 15), "não apenas a comunicação, mas o próprio pensamento estão relacionados de forma absolutamente especial ao som".

Não há datas possíveis e prováveis para o surgimento da linguagem oral. Segundo Marques (1999), não há fósseis da primitiva vida social e lingüística, mesmo porque *"sociedade e linguagem não se podem fossilizar desde que não são coisas, mas relações, ações comunicativas"*. (p. 52)

Segundo Bakhtin (1993), numa perspectiva filogenética, a linguagem articulada surgiu da necessidade do homem de se comunicar. Essa comunicação inicial se deu através do trabalho, da ação coletiva do ser humano: divisão de tarefas, confecção de instrumentos, organização em bandos, etc. O trabalho forçou o homem ao social, e o social forçou-o à comunicação.

Na comunicação, se articulam várias linguagens. Além de articular sons, o corpo fala nos gestos, nos olhares, na postural corporal, na expressão facial, na entonação. Marques (1999) nos diz que a conversa é como uma dança que, de forma sincronizada e precisa, envolve os padrões da fala não somente com os movimentos do corpo de quem fala, mas também com os movimentos do corpo de quem ouve.

Ao desenvolver a sua concepção de dialogia, Bakhtin afirma:

> la vida es dialógica por su naturaleza. Vivir significa participar en un diálogo... El hombre participa en este diálogo todo y con toda su vida: com ojos, labios, manos, alma, espíritu, con todo el cuerpo, con sus actos. (1982, p. 334)

A linguagem oral, em toda a sua complexidade, é aprendida na escola da vida, nas interações com o outro. Ela acontece na interação viva que ocorre entre pessoas em tempo real, num espaço socialmente organizado, numa situação que abrange a totalidade do momento.

Exatamente por ser contextualizada, proferida por homens socialmente organizados, a linguagem oral, é dinâmica. A palavra pode ser dita e repetida tanto por quem a diz quanto por quem a ouve. Pode mesmo ser mal-dita e mal-ouvida, dando origem a outras palavras. Novas situações, novos objetos exigem palavras novas, novo vocabulário que é convencionado e estruturado pelo grupo que cria e recria uma língua comum a determinada sociedade.

Ong (1998) distingue dois tipos de oralidade: a primária e a secundária. A oralidade primária refere-se a uma cultura totalmente desprovida do conhecimento de qualquer forma de escrita. Caracteriza-se por técnicas de comunicação e armazenamento na memória viva. Estas técnicas sobrevivem a partir dos indivíduos em relação, que ouvem uns aos outros. De geração a geração, os conhecimentos são passados, dos mais velhos para os mais novos, numa cadeia ininterrupta de relações que ocorrem de forma direta e pessoal. Numa cultura oral primária, os discursos são mais aditivos, redundantes e repetitivos, são especialmente descritivos da vida cotidiana, do presente. Os significados atribuídos aos discursos são conferidos pelo contexto em que são produzidos. Nesse sentido, Lévy reforça essa idéia dizendo que:

> Nas sociedades orais, as mensagens lingüísticas eram sempre recebidas no tempo e no lugar em que eram emitidas. Emissores e receptores partilham uma situação idêntica e, em geral, um universo análogo de significado. Os atores da comunicação estavam embebidos no mesmo banho semântico, no mesmo contexto, no mesmo fluxo vivo de interação. (1997, p. 3)

O surgimento de uma linguagem articulada em outro suporte – a escrita – influencia sobremaneira a linguagem oral. Nesse sentido, existe uma outra oralidade que, para Ong (1998), é secundária, pois está presente numa cultura que tem, usa e sofre os efeitos da escrita. A articulação de linguagem na forma de escrita é qualitativamente diferente da articulação da linguagem numa cultura essencialmente oral. Essa articulação dispensa a situação face a face, materializando as funções abstratas da linguagem. O novo suporte ampliado, modificado, virtualizado altera as características das culturas orais primárias.

Segundo Marques (1999), o discurso escrito vincula-se a uma estrutura lingüística que lhe é anterior. Devido à ausência do contexto e dos interlocutores reais, o discurso escrito tem uma sintaxe e um vocabulário próprios capazes de lhe conferir significado. Produzido na ausência física do interlocutor/leitor, ele é mais subordinado. O que é dito pode ser revisto e reorganizado, conferindo um caráter mais objetivo ao discurso que se pauta quase sempre em conceitos e lógicas abstratas.

Nas culturas orais primárias, as características do pensamento e da expressão estão relacionadas com a internalização do som – palavras ditas são ouvidas e internalizadas. Presa aos limites da contextualidade, do face a face, a linguagem oral dispensa a articulação dos detalhes da situação, pois o espaço, as condições de produção do discurso são reais, concretas.

Com a escrita, as palavras não são mais ouvidas; antes, são vistas, lidas. A linguagem escrita pressupõe interlocutores ausentes temporal e espacialmente; portanto necessita da inserção de aspectos situacionais da comunicação, e exige do interlocutor/leitor reflexões mais elaboradas e demoradas, porque descontextualizadas e diversificadas.

> A escrita se configura ao dispensar a co-presença física dos corpos dos interlocutores pela mediação de um terceiro suporte que é o documento habitado por outra forma de articulação de linguagens, seja ele a parede de uma caverna, seja o monumento-testemunho, seja a lajota, seja o papiro, o pergaminho, ou a folha de papel. (MARQUES, 1999, p. 44)

Da parede de uma caverna à folha de papel, a tecnologia da escrita sofreu inúmeras transformações em relação tanto aos suportes quanto às formas espaciais assumidas. Passou das superfícies de barro molhado às peles de animais; das cascas de árvores à camada de cera derramada sobre mesas de madeira; do papiro à folha de papel e à xilogravura, revolucionando a circulação do discurso.

Segundo Ong (1998), com a invenção da impressão de caracteres alfabéticos tipográficos, a página impressa (*campo lavrado de linhas, semeado de letras e cercado pelo branco das margens – o pagus*) alterou tanto a forma do texto que se organiza no códex, como sua apresentação. Os índices, as páginas de rosto, os títulos, a numeração regular, as notas, as referências bibliográficas são criados e adaptados favorecendo a melhor comunicação com o leitor.

O surgimento da impressão possibilitou a produção de enciclopédias, dicionários, obras literárias ou filosóficas divulgando, de forma mais dinâmica e elástica, o conhecimento produzido há centenas de anos ou há quilômetros de distância.

Não podemos deixar de mencionar as profundas transformações que a cultura oral sofreu com o surgimento da escrita e posteriormente com o advento da impressão. A escrita propiciou transformações nas formas de pensamento e na consciência humana. Sem a escrita, diz Ong (1998 p. 93), "a mente letrada não pensaria e não poderia pensar como pensa, não apenas quando se ocupa da escrita, mas normalmente, até mesmo quando está compondo seus pensamentos de forma oral." Maiores que as transformações causadas pela escrita são as transformações causadas pela impressão. Enquanto a escrita "reconstituíra a palavra originalmente oral, falada, no espaço visual, a impressão encerrou a palavra no espaço de modo mais definitivo". (idem, p. 141) Os efeitos causados pela impressão na cultura oral são inúmeros. A título de ilustração, citaremos alguns: estimulou e tornou possível a quantificação da informação; diminuiu o atrativo da iconografia no tratamento do conhecimento; alimentou o desejo de legislar sobre a correção da linguagem; constituiu a percepção da privacidade pessoal e da leitura silenciosa; estimulou o sentido de propriedade e autoria; deu origem à questão da intertextualidade, originalidade e criatividade.

Na cultura atual, a oralidade e a escrita se fazem onipresentes. Não se confundem nem se excluem. São, de acordo com Marques (1999), formas distintas de linguagem, relevantes e eficientes, não em si mesmas, mas nos usos que fazemos delas. É inegável que a escrita influenciou sobremaneira a oralidade, introjetando nela um estado de espírito escritural. Não podemos negar também que a linguagem escrita não existiria com toda a sua especificidade, sem os princípios da oralidade.

Segundo Costa (1997), posições dicotômicas que vêem a linguagem como sistema abstrato de formas e funções de um lado e as condições do sujeito falante do outro, foram substituídas pela idéia de *continuum* processual. Autores como Ong (1982, 1998), Olson (1995), Marcuschi (1996), Rojo (1995) e outros contestam a natureza fragmentada, dicotomizada da fala em relação à escrita. Esses autores valorizam o objetivo do discurso, o contexto social de produção e a interseção entre o oral e o escrito.

O computador - instrumento cultural da contemporaneidade – revela-se como um novo espaço de interação, como um novo contexto social de produção discursiva. Os processos interativos mediados pelo computador, em especial pela Internet, consistem numa interação dinâmica. Neste espaço (o ciberespaço), deparamo-nos com novas formas de leitura e escrita, novas formas de linguagem, novos códigos, novos processos de produção/construção textual.

Os processos discursivos que ocorrem na Internet, especialmente nas salas de bate-papo, revelam uma comunicação viva, própria da oralidade, elaborada de forma complexa em que leitura e escrita assumem características específicas.

Dissemos anteriormente que na oralidade as mensagens circulam em espaço e tempo reais, numa interação que ocorre face a face, em que os interlocutores compartilham da mesma situação de produção discursiva. A escrita rompe com esta partilha da situação de produção e com a interação face a face. Mas não dispensa a oralidade; antes a penetra e a inunda de um estado de espírito escritural. E na interação que ocorre no ciberespaço como se dá a situação de produção? Que recursos lingüístico-semiótico-discursivos são utilizados?

Retomando a epígrafe deste item e nos assumindo como viajantes, pretendemos abrir nosso caminho, não desbravando o desconhecido, mas sobretudo redesenhando o conhecido. Um conhecido que, ao assumir um novo espaço, as salas de bate-papo, é redesenhado reforçando a quebra de posições tradicionais que polarizam oralidade e escrita. Nas salas de bate-papo, as fronteiras entre a linguagem oral e entre a linguagem escrita se dissolvem. Os interlocutores transportam as características da oralidade (que se articulam na entonação, nas pausas, nas expressões fisionômicas) para a tela do computador criando códigos de escrita específicos, como alongamento de letras, sinais de pontuação, uso de letras maiúsculas, de *emoction* (caracteretas), *scripts,* além do alfabeto tradicional, para construir seus discursos.

O processo de construção da escrita nas salas de bate-papo

> Quem viaja larga muita coisa na estrada. Além de largar na partida, larga na travessia. À medida que caminha, despoja-se. Quanto mais descortina o novo, desconhecido, exótico ou surpreendente, mais liberta-se de si, do seu passado, do seu modo de ser, hábitos, vícios, convicções, certezas. Pode abrir-se cada vez mais para o desconhecido, à medida que mergulha no desconhecido. No limite, o viajante despoja-se, liberta-se e abre-se, como no alvorecer: caminhante, não há caminho, o caminho se faz ao andar.
>
> *Octavio Ianni*

Muita coisa foi deixada na estrada, principalmente as certezas. Para conhecer a escrita produzida nas salas de bate-papo, tivemos que nos tornar internautas, e essa não foi uma tarefa muito fácil. A maioria de nós, pesquisadores, ainda não havia traçado esse caminho que se tornou uma nova experiência. Libertamo-nos de nós mesmos, nos despojando da gramática normativa, das formas de escritura acadêmica tão arraigadas em nossas práticas comunicativas e constituidoras de nossa representação-expressão mental. Dessa forma, abrimos caminho para uma experiência surpreendente: o processo discursivo nas salas de bate-papo.

Uma experiência semelhante foi relatada na revista Veja (04/10/2000). Em um artigo intitulado: *De papo em papo, sem idéia*, o autor Mainardi descreveu seu frustrante contato inicial com as salas de bate-papo e rotulou os papeadores de "molecada semi-analfabeta [...] obrigada a se comunicar através da forma que menos domina: a língua escrita". Nesse relato, o autor considerou a escrita desenvolvida nas salas de bate-papo como constituída basicamente de erros de português. Realmente, a grafia dicionarizada das palavras e a pontuação, segundo uma norma gramatical padrão, não são normalmente encontradas nesses ambientes. Porém, Mainardi só observou o resultado da escrita, e não o seu processo. Como se realiza o processo de escrita nas salas de bate-papo?

Buscamos, na concepção de dialogismo de Bakhtin (1997a), o ponto de ancoragem para nossa análise. Segundo o autor, o homem se constitui enquanto homem na e pela linguagem. Mas a linguagem não existe por si só; ela é integrada à vida humana, ligada a um contexto. Ela é viva, é ativa, dinâmica e evolutiva porque vivo, ativo, dinâmico e evolutivo é o homem. Ela se realiza na interação verbal estabelecida entre mim e o outro, numa situação concreta. Segundo Bakhtin, o diálogo constitui uma das formas mais importantes da interação verbal. Para ele, o diálogo não se restringe à simples comunicação face a face. É muito mais amplo. Compreende "desde a comunicação de viva voz entre duas pessoas, até interações mais amplas entre enunciados. O que importa é que é uma relação entre pessoas" (FREITAS, 1994, p. 135).

O diálogo, entendido como *"toda comunicação verbal, de qualquer forma que seja"* (BAKHTIN, 1997a, p. 123), se realiza através de enunciados produzidos socialmente. Sendo de natureza social, a enunciação enraíza-se na existência histórica e social dos homens. Tanto a enunciação mais primitiva quanto a mais elaborada, ainda que realizadas por um indivíduo, são, do ponto de vista do conteúdo e da significação, organizadas fora dele, pelas condições do meio social. É, portanto, produto da interação social.

A troca de mensagens que se estabelece entre os papeadores, organizados socialmente no meio virtual (salas de bate-papo), constitui em uma interação verbal. Pela especificidade do instrumento mediador da contemporaneidade – o computador – os enunciados produzidos revestem-se de recursos propiciados por esse instrumento e pela situação de produção.

Após meses de mergulho no ciberespaço, freqüentando as salas de bate-papo, interagindo com os internautas, percebemos que o objetivo dos que compartilham essas salas virtuais é "conversar". Expressões que se referem à conversação oral como "bater papo", "falar", "gritar" estão presentes nas mensagens trocadas entre os papeadores:

Hugo RJ 17:19:43 pergunta para TODOS	Boa tarde. Alguma gata a fim de um papo legal e decente ?
Psiquê 16:16:40 grita com TODOS	Ninguém fala nessa sala não?
Sissy 11:44:56 reservadamente fala com Dudu	Te gritei, gritei, gritei...
Dudu 11:45:48 reservadamente fala com Sissy	Estou aqui, não precisa gritar mais, queria te conhecer.

Mas os interlocutores têm consciência de que o discurso, pela mediação do instrumento, se materializa na escrita-teclada:

Abú 17:24:44 Olha em volta e pergunta:	Alguém para teclar??
GIB@ 20:29:11 reservadamente fala com lola	posso falar com ela?
lola 20:30:11 reservadamente fala com GIB@	Ela vai tc e naum FALAR com vc

Esta situação se torna mais concreta no diálogo abaixo travado entre "*MULHER MARAVILHA*" e "loco":

(15:02:29) *MULHER MARAVILHA* murmura para loco:	ME DIGA... O Q VC TEM DE NORMAL...
(15:03:36) loco grita com *MULHER MARAVILHA*:	não mt pra dizer a verdade falam que sou anormal!!!
(15:04:45) *MULHER MARAVILHA* murmura para loco:	SÉRIO...BEM NAUM PRECISA GRITAR...EU NAUM SOU SURDA! (RISOS)
(15:05:25) loco grita com *MULHER MARAVILHA*:	nem eu assim é melhor pra ler

"MULHER MARAVILHA", ao se dirigir a seu interlocutor, escolhe a opção *"murmura para"* e inicia seu enunciado utilizando o marcador inicial conversacional *"me diga..."* Ao dirigir-lhe a contra palavra, "loco" utiliza a opção *"grita com"* e, ao produzir seu enunciado, o faz com um tamanho de fonte maior. "MULHER MARAVILHA", ainda murmurando para seu interlocutor, se espanta com a resposta. O formato da mesma (uso de uma fonte maior e a opção *"grita com"*) parece ter-lhe doído os olhos/ouvidos e, sorrindo, pontua: *"não precisa gritar... eu não sou surda"*. Até neste ponto do diálogo, a interação se pautou como se estivessem conversando (no sentido mesmo da palavra). Mas "loco" lembra sua interlocutora de que não estão conversando e sim escrevendo e se justifica dizendo: *"nem eu* [sou surdo] *assim* (tamanho de fonte maior) *é melhor pra ler"*.

Como vimos, os papeadores, ao entrarem nas salas de bate-papo o fazem com a intenção de conversar, de bater papo, de interagir. A interação discursiva, segundo (BAKHTIN, 1997a), ocorre no mínimo entre duas pessoas socialmente organizadas e se realiza através de enunciados, entendidos como unidade da comunicação verbal. Para este autor, o enunciado, enquanto um todo, só se realiza no curso mesmo dessa comunicação.

Os enunciados produzidos nas salas de bate-papo adquirem sentido no momento mesmo da interlocução. Como unidades da comunicação verbal, apresentam fronteiras bem definidas, proporcionando a alternância dos sujeitos. Eles procedem de alguém e são dirigidos a alguém (Mulher Maravilha/loco, loco/Mulher Maravilha), considerando as condições reais de produção (mediada pelo computador), o auditório social (um homem e uma mulher, provavelmente adolescentes, pois trata-se de artefatos colhidos em salas de bate-papo freqüentadas por pessoas de faixa etária entre 12 e 20 anos) a situação social mais imediata (o aqui e o agora) e o meio social mais amplo.

Segundo Bakhtin (1997a), não há enunciado dotado de significado sem a avaliação social que o veicule. Dentre os componentes constitutivos da avaliação social, a entonação é a mais pura e a mais imediata expressão da avaliação. A entonação se realiza, segundo o autor, sob a influência mútua do locutor/autor, do ouvinte/leitor e do objeto do enunciado.

Nesse sentido, recursos como ponto de interrogação, de exclamação e reticências são utilizados, em excesso, pelos papeadores, com o objetivo de dar à escrita a entonação própria da fala.

x@ndynho 10:55:21 fala com ¿Sh@ron19¿	kd vc?????????????????
PAULINHO 18:08:01	LOLA não sai da sala!!!!!!!!!!!!!!!!!!!!!!!
PAULINHO 18:18:21 fala com lola	LOLA!!
PIRATA® 17:19:58 fala com Atrevid@	não..........estou quietinho no meu canto........sozinho........te mando um email sim.........
PELÉ-GO 17:31:33 fala com Mortici@®	OI Mô.............BLZ..........

Os escritores também usam esses recursos em romances, contos, novelas, textos de teatro quando reproduzem as falas dos personagens. O que queremos enfatizar é que, na conversação que ocorre nas salas de bate-papo, estes recursos são freqüentemente utilizados pelos interlocutores que, na interação *on-line,* no momento mesmo da construção do enunciado, o revestem de recursos que lhe garantem a significação.

Um outro recurso muito utilizado pelos papeadores, com o objetivo de acentuar valorativamente o enunciado, dotando essa escrita de marcas da oralidade, são os alongamentos vocálicos, utilizados com função paralingüística.

Bi@ RJ® 13:43:43 fala com §R@punzel§	*Lúúúúúúúúúú'PERUUUUAAAAAA*
§R@punzel§ 13:44:50	*Oiiiiiiiiiiiiiiiiiiiiiiiiiiiiiiiiiiiiiiiiiiiiiiiiiiiiiiiiiiiiiiiiiiiiiiiiiiii iiiiiiiiiiê*
§R@punzel§ 13:45:40 sorri para Bi@ RJ®	*Digaaaaaaaaaaaaaa PERUAAAAAAAAAAAAAAAAA 2!!!!!!!!!!!*

No exemplo acima, observamos que "Bi@ RJ®", ao identificar na sala virtual a amiga "§R@punzel§", a cumprimenta e, para demonstrar a alegria em reencontrá-la, alonga as vogais, como se estivesse alongando a voz, dando ao enunciado uma valoração específica (satisfação em reencontrar a amiga). "§R@punzel§", por seu turno, demonstra surpresa e cumprimenta "Bi@ RJ®", com um longo "oiê" e completa seu enunciado alongando as vogais (marcando a entonação).

As letras maiúsculas (garrafais) também são utilizadas como marcadores de entonação. Tanto podem enfatizar uma palavra, marcando a importância dela no enunciado, quanto podem representar o grito:

Mortici@® 17:30:17 fala com Atrevid@	*Migaaaaaaaaa*
Atrevid@ 17:31:31 fala com Mortici@®	MIGAAAAAAAAAAAAAA É HOJEEEEEEEEEEE
Atrevid@ 17:33:36 fala com Mortici@®	*.... É HOJEEE .... só de pensar fico gelada ....*

(14:54:21) **Fofucha** *fala para* Andre:	Andre sou nova na sala quer TC comigo
(14:59:54) **Fofucha** *grita com* Andre:	ME RESPONDE POR FAVOR?

No primeiro exemplo, observamos que "Atrevid@", além de usar o alongamento de vogais no seu enunciado, o constrói também com letras maiúsculas, enfatizando a importância do evento. E, dando continuidade ao seu enunciado, enfatiza a importância da palavra "hoje" (em garrafais e alongada), diferentemente do resto do seu enunciado, onde utiliza letras minúsculas. No segundo exemplo, "Fofucha" utiliza letras maiúsculas ao construir seu enunciado (como se estivesse gritando), pois parece que "Andre" não a ouviu/leu quando apenas "falou" (usando letras minúsculas) com ele.

Para Bakhtin (1997a), a comunicação verbal não se restringe apenas a palavras ditas. Segundo o autor, o corpo também fala: as expressões, os gestos, os olhos, o extraverbal fala tanto quanto o verbal. Neste sentido, na interação que ocorre nas salas virtuais, os papeadores utilizam recursos como os *emoctions* ou as caracteretas.

Utilizam também as teclas, como: os parênteses, os dois pontos, o ponto e vírgula, os colchetes, o zero, os sinais de maior e menor etc, que, conjugados (formam expressões de alegria, tristeza, abraços, beijos, sono, entre outras) são utilizados, pelos interlocutores, com o objetivo de representar, durante a dinâmica do diálogo que se trava, as manifestações discursivas que ocorrem normalmente numa situação de conversa oral face-a-face.

lola 16:17:24 reservadamente fala com Ksado-afim	Desculpe, to tc com outra pessoa,.... :)
Tequila 16:18:06 reservadamente fala com lola	E ai tem alguém afim de tc com vc, não o assuste como fez comigo.
lola 16:18:34 reservadamente fala com Tequila	: (
Tequila 16:19:03 reservadamente fala com lola	Maguo?
lola 16:19:37 reservadamente fala com Tequila	Um pouquinho...

No diálogo acima, observamos que "lola", ao ser abordada por um outro papeador, se desculpa por não poder teclar com ele e, no final de seu enunciado, usa os dois pontos e o parêntese [:)] para indicar que está sorrindo. Logo depois, ao ler o enunciado de seu interlocutor (o Tequila), "lola" usa os dois pontos e o parêntese [:( ], fazendo uma "carinha" de tristeza. Seu interlocutor, numa atitude responsiva, demonstra uma compreensão ativa perguntando-lhe: *maguo?* Ela responde: *Um pouquinho...*

No exemplo a seguir, "Sissy" utiliza as teclas: ponto e vírgula e parêntese [;)] com o objetivo de manifestar expressões do rosto (piscar para seu interlocutor):

Sissy 11:51:23 reservadamente fala com Oi!	;) ;) ;) ;)

Além disso, os papeadores utilizam essas teclas para expressar ações, como, por exemplo, brindar:

M@X 17:22:40 fala com Ká	(_)> (_)>..........tim-tim....

Os *scripts* (recursos oferecidos por programas) também são muito utilizados pelos interlocutores das salas de bate-papo, com o objetivo de se comunicar:

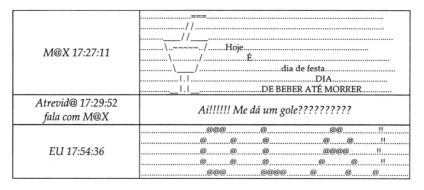

Um outro recurso utilizado pelos papeadores, que dá à escrita marcas da oralidade é a tecla *"enter"*. Esta tecla é usada para marcar os tempos da fala, ou seja, o tempo da respiração na conversa face a face, representado pela vírgula ou outros sinais de pontuação na escrita acadêmica.

    [...]
    <Wally> Sou expulsa da sala pelo programa?
    <felipe-15> 'pelos op's, sao os operadores
    <felipe-15> akeles q tem o @ na frente
    <felipe-15> e se fizer muito vc é banida
    <felipe-15> naum pode entrar mais na sala
    <Wally> certo. eu naum sabia disso...
    [...]

Neste exemplo, "<Wally>" fez uma pergunta para "<felipe-15>". Este, ao respondê-la o fez em quatro tempos, utilizando a tecla *"enter"*. Esse recurso, além de tê-lo desobrigado de usar a vírgula ou ponto e vírgula, normalmente utilizados na escrita acadêmica, também o desobrigou de escrever até o final da linha. A tecla *"enter"*, usada para dar as pausas habituais da "respiração" de uma conversa oral, torna mais dinâmica a interlocução discursiva nas salas de bate-papo.

Um outro recurso muito utilizado pelos papeadores com o objetivo de tornar a conversa mais dinâmica são as abreviações. Embora não seja um recurso exclusivo dos interlocutores das salas de bate-papo, são usadas com grande freqüência e, muitas vezes, segundo uma convenção tácita. Geralmente, as palavras são abreviadas marcando-se uma letra para cada sílaba. Essas letras, quase sempre, são representadas pela consoante que inicia as sílabas.

Tato.Wolf 17:38:25 fala com Ká	psiuuu mocinha cd vc?
Gato29 10:32:13	ALGUEM AFIM DE TC ??????????
lola 18:07:40 reservadamente fala com Carioca	Ainda naum. Qd vai ser a expo de Petro?
Løg@n 18:23:17 reservadamente fala com lola	Eu tb. Depois a gente se encontra no chat. BJÃO tchau!
lola 18:52:30 reservadamente fala com Perigoso	Tchau, bjnhs

Há casos ainda em que o significado da abreviação vai depender do contexto. O exemplo abaixo diz respeito a um diálogo travado entre "Sissy" e "Anônimo". Os enunciados iniciais marcaram o horizonte social a que ambos pertencem e contextualizaram os enunciados subseqüentes.

Assim, as abreviações *"fac"*, *"cas"* e *"per"* ganharam sentido dentro do contexto da enunciação.

Sissy 09:14:36 reservadamente fala com Anônimo	Sim faço Pedagogia e vc qtos anos e o q faz?
Anônimo 09:14:59 reservadamente fala com Sissy	Tenho 22 e faço Arquitetura
Sissy 09:15:26 reservadamente fala com Anônimo	Que legal!! Tb estah na fac?
Anônimo 09:15:39 reservadamente fala com Sissy	Naum, to em cas.
Sissy 09:16:02 reservadamente fala com Anônimo	Estah em q per?
Anônimo 09:16:33 reservadamente fala com Sissy	To no 7.

Nem sempre a palavra é abreviada de uma única forma. A representação de "risos", por exemplo, foi encontrada de diversas maneiras:

Mas Bah\Rs 13:21:47 reservadamente fala com Travessa	como é que tu sabe que eu sou gaucho.... *r
ADORÁVEL SEDUTOR 13:33:27 fala com Bi@ RJ®	é mesmo.. as vezes tem gente que exagera.. (risos)
Sissy 11:46:22 reservadamente fala com Dudu	hI!!! Aí vc pega pesado!!!rs
x@ndynho 10:39:25 fala com ¿Sh@ron19¿	CAIU, NENEM? RISOSSSSS***

A risada e a gargalhada são representadas de forma diferente. No exemplo abaixo, "Anônimo", ao dizer a "Sissy" que *é gordinho mas é bonitinho*, provocou em "Sissy" risadas. No segundo exemplo, o "INTERNAUTA MALUKO™¿", questionado sobre o que representa *G, explica a sua interlocutora que, assim como *R significa risada, o *G significa gargalhada.

Anônimo 09:36:47 reservadamente fala com Sissy	Olha, eu sou só gordinho, mas sou bonitinho
Sissy 09:36:59 reservadamente fala com Anônimo	kkkkkkk
Nadine 17:33:56 reservadamente fala com INTERNAUTA MALUKO™¿	Q p. de *G eh essa, o q significa isso?
INTERNAUTA MALUKO™¿ 17:34:00 fala com mineiro\30	HUM HUM *G
INTERNAUTA MALUKO™¿ 17:34:49 fala com Nadine	hehehehehehe isso siginifiga gargalhadas... *R siginifica risada hehehehe

Na linguagem das salas de bate-papo é comum grafar as palavras de acordo com o som da fala, além de suprimir sinais gráficos como til, acento agudo e acento circunflexo.

Morang@@@@ 20:06:34 fala com Almirante	Kara essa foi Dmaissssssssssss (risos)
Ysa 18:01:52	oi! Kd o povao q tava aki????
lola 18:34:44 reservadamente fala com Perigoso	ele ateh jah saiu (rs)
Atrevid@ 17:38:34 fala com Lúcifer	Intaum fala cumigo sinaum eu fico tristi!!!

Os diálogos abaixo, revelam que essas características (escrever como se fala e supressão da acentuação) tornam a escrita mais rápida e favorecem a dinâmica conversacional. Além disso, a tornam mais íntima e informal, como na conversação face a face.

>[...]
><Wally> vc não usa o til, pq?
><felipe-15> pq demora
><felipe-15> é chato
><felipe-15> naum tem necessidad
><Wally> acho isso muito legal...
><felipe-15> é bom q pde escreve tudu erradu

```
<felipe-15> da manera q c fala
[...]

[...]
<Rolls - > ow eu escrevo tudo errado aki na net percebeu?
<[lilijf]> sim
<[lilijf]> mas naum e pra ser assim?
<Rolls - > a todo mundo escreve HERRADO
[...]
<[lilijf]> pq vc acha q essa escrita ficou assim?
<[lilijf]> aki no chat
<Rolls - > é ki vai mais rapido
[...]
```

Segundo Bakhtin (1997a), todo signo resulta de um consenso entre indivíduos socialmente organizados no decorrer de um processo de interação. Nas palavras do autor, "as formas do signo são condicionadas tanto pela organização social de tais indivíduos como pelas condições em que a interação acontece" (p. 44). Nas salas de bate-papo, os signos são criados consensualmente entre os interlocutores que, tacitamente, criam códigos discursivos que dão conta de veicular significado.

As mudanças que ocorrem na vida social, decorrentes das novas tecnologias da informação e da comunicação, produzem novas formas de viver, de se relacionar e de se comunicar, por conseguinte produzem novos estilos da língua que, numa relação dialética, refletem de uma forma imediata, sensível e ágil, a mudança social.

Os enunciados produzidos nas salas de bate-papo consistem em um novo estilo da língua. Emanam de interlocutores pertencentes a uma determinada esfera da atividade humana (adolescentes da contemporaneidade) e refletem as condições específicas e as finalidades dessa esfera, tanto por seu conteúdo (temas de interesse dos adolescentes), quanto por seu estilo verbal (lexical, fraseológico e gramatical) e principalmente quanto à construção composicional (construção de um código discursivo escrito complexo, mediado pelo computador, composto de caracteres alfabéticos, semióticos e logográficos). Assim, os enunciados produzidos nas salas virtuais podem constituir, segundo Bakhtin um novo gênero discursivo, pois apresentam os três elementos citados acima – conteúdo, estilo verbal e construção composicional – que "fundem-se indissoluvelmente no todo do enunciado, e todos eles são marcados pela especificidade de uma esfera de comunicação [...] sendo isso que denominamos gênero do discurso" (BAKHTIN, 1997b, p. 279).

Considerações finais

O nosso objetivo neste trabalho foi compreender a construção/produção da escrita, que ocorre em salas de bate-papo, como processo discursivo.

Como vimos, o que marca a construção discursiva nas salas de bate-papo é a interação. Os interlocutores querem se comunicar, conversar. Essa interatividade é estabelecida e mediada pelo computador em tempo real e num espaço virtual, portanto, não é uma relação face a face. Para "conversar" nesse espaço, os interlocutores se vêem compelidos a escrever.

Nesse sentido, procuramos situar essa escrita num *continuum* em que a linguagem falada e a linguagem escrita se fundem, dando origem a uma forma mais farta e potencialmente mais completa de escrita. Não se trata de suprimir uma ou outra modalidade de linguagem, mas de condensá-las e redirecioná-las, produzindo um novo estilo de linguagem que vai além da escrita alfabética, englobando os sistemas logográfico e semiótico.

Assim, o processo discursivo que ocorre nas salas de bate-papo põe em uso as modalidades da fala e da escrita, em que uma e outra se complementam, numa perspectiva de organização textual-discursiva, utilizando-se de estratégias para a construção dos sentidos.

Os papeadores investem toda sua a criatividade para conferir a seus interlocutores, nessa conversação-escrita, o acesso ao sentido de forma mais global, favorecendo a condição ideal para uma interação social efetiva, tal como ocorre na relação face a face. Essa criatividade se manifesta na criação de códigos discursivos complexos, que usam, ao mesmo tempo, o alfabeto tradicional, as caracteretas, os *scripts* e outros, que marcam a natureza processual e dinâmico-discusiva dessa "conversação", aproximando-a da conversação face a face cotidiana, mas materializada na escrita-teclada.

Essa conversa escrita-teclada, que resultou no rótulo de "molecada semianalfabeta", por Mainardi, aos papeadores, é produzida de forma a tornar o discurso atraente, interessante e dinâmico para os interlocutores. A preocupação principal é manter o contato. Pela natureza da relação e pelas condições de produção, os interlocutores abrem mão de uma escrita rebuscada e formal, como a de um texto científico. É justamente por conhecerem essa escrita formal que eles a consideram inadequada para dar conta de veicular os sentidos específicos da interação que pretendem. Uma interação informal, dinâmica, cotidiana, oportunizada por um novo suporte: o computador interligado em rede.

A conversa escrita-teclada que se trava nas salas de bate-papo, reveste-se de características lingüístico-discursiva-processuais específicas, produzindo um novo estilo da língua, que indica um novo gênero discursivo: a conversação nas salas de bate-papo.

Ao término desta nossa travessia em busca de compreender o processo de construção da escrita nas salas de bate-papo, encontramos algumas respostas possíveis que, esperamos, se abram em muitas outras perguntas. Sabemos que este texto é apenas um elo da corrente ininterrupta da comunicação verbal. Que ele pressupõe seus antecedentes e outros que o sucederão. Nessa corrente ininterrupta, a humanidade vai se transformando ao mesmo tempo que transforma a sociedade numa relação dialética, de forma que "no curso de uma viagem há sempre alguma transfiguração, de tal modo que aquele que parte não é nunca o mesmo que regressa" (OCTAVIO IANNI, 1996, p. 19). Mesmo porque, ao voltar, nunca se volta para o mesmo lugar.

Referências

BAKHTIN, M. (VOLOCHINOV, V. N.). *Marxismo e filosofia da linguagem*. São Paulo: HUCITEC, 1997a.

_____. *Estética da criação verbal*. São Paulo: Martins Fontes, 1997b.

_____. Para uma reelaboración del libro sobre Dostoievsky. In: BAKHTIN, M. *Estética de la creación verbal*. México: Siglo XXI, 1982, p. 324-345.

_____. ¿Qué es la lenguage? In: SILVESTRE. A; BLANCK G. *Bajtín y Vigotski: la organización semiótica de la conciencia*. Barcelona: Anthropos, 1993.

COSTA, S.R. *A construção do letramento escolar: processo de apropriação de gêneros*. Tese de doutorado, LAEL/PUC/SP, 1997.

FREITAS, M. T. A. *Vygotsky &Bakhtin: psicologia e educação: um intertexto*. São Paulo: Ática, 1994.

IANNI, O. *A metáfora da viagem*. Cultura Vozes, n. 2 mar/abr. 1996.

JOBIM, S; CASTRO, L. R. *Pesquisando com crianças: subjetividade infantil, dialogismo e gênero do discurso*. (mimeo) 1998.

LEVY, P. A globalização do significado. *Folha de São Paulo*. Mais. 07/12/1997, p. 3-5.

MAINARDI, D. *De papo em papo, sem idéia*. Veja. 04/10/2000, p. 21.

MARCUSCHI. L. A . *Análise da conversação*. São Paulo: Ática, 1991.

MARQUES, M. O. *A escola no computador: linguagens rearticuladas, educação outra*. Ijuí: UNIJUÍ, 1999.

OLSON, D. R.; TORRANCE, N. *Cultura escrita e oralidade*. São Paulo: Ática, 1995.

ONG, W. J. *Oralidade e cultura escrita*. Campinas: Papirus, 1998.

ROJO, R.H.R. *Oral e escrita em salas de aula: diferentes modalidades ou gêneros do discurso?* (mimeo), 1999.

O discurso construído nas listas de discussão: uma nova forma de interação na formação da subjetividade

Juliana Gervason Defillippo
Olívia Paiva Fernandes
Patrícia Vale da Cunha

Este trabalho foi produzido no âmbito da pesquisa "A produção/construção da escrita na Internet e na escola: uma abordagem sociocultural". Analisamos a escrita dos internautas nos e-mails das listas de discussão, do sistema *egroups*[1], relacionadas a seriados americanos que são veiculados em televisão por assinatura, a saber: friendsblvd@egroups.com e thecharmedones@egroups.com. Através da temática dos enunciados aí produzidos pudemos perceber a forte influência das novas tecnologias na formação subjetiva desses adolescentes, usando a teoria de desenvolvimento de L. S. Vygotsky como principal referencial teórico.

As "listas de interação"

Normalmente criada por um internauta, uma lista de discussão está vinculada a algum assunto específico, que pode ter relação com *websites* ou um determinado grupo de usuários de salas de bate-papo. O internauta que cria a lista torna-se *owner* do grupo, desempenha um papel de extrema importância e, pode controlar os assuntos, o número de usuários e difundir as regras específicas da lista.

Quando a lista está vinculada a um *website*, qualquer internauta pode se cadastrar, usando comandos oferecidos pelo sistema principal, que, no caso analisado, é o domínio americano *egroups*. Mas mesmo o *owner* pode controlar esse comando, caso ele não queira que outros usuários entrem na lista sem o seu conhecimento. Assim, uma lista de discussão só funciona

---
[1] Domínio americano que gerencia e-mails, a saber: www.egroups.com

com a existência de um *owner*, que será o principal responsável por todas as trocas de e-mails nesse endereço eletrônico. Mesmo que ele opte por não exercer controle rigoroso no funcionamento do grupo, sua presença é importante.

Qualquer internauta que possua um endereço eletrônico pode fazer parte de uma lista de discussão, desde que se inscreva no grupo ou obtenha a permissão do *owner* que o inscreverá usando seus próprios recursos.

Inserido nesse ambiente, o usuário deve apenas postar as mensagens para o endereço "fantasia", e todos os outros usuários inscritos receberão a mensagem na mesma hora. No entanto, se o *owner* estabeleceu algumas regras durante a criação da lista, mensagens poderão ser barradas.

A tela interativa

O seriado *Charmed* tem uma hora de duração e é exibido no canal *Sony*[2]. Durante o período em que estivemos observando a lista *thecharmedones*, o seriado estava no segundo ano de exibição no Brasil, conseqüentemente na segunda temporada. Cabe ressaltar que cada temporada possui uma média de 21 episódios que serão exibidos semanalmente.

Baseando-se na religião Wicca, a história gira em torno de três irmãs que descobrem que são bruxas assim que entram na idade adulta e, a partir de então, têm que lutar contra forças sobrenaturais. Misturando comédia, drama, suspense e ficção, o seriado trata de vários assuntos, e seu mérito é que, apesar de ser construído em um espaço que mistura o sobrenatural e aberrações, ele mantém uma trama adaptável à vida de qualquer adolescente. Abordando temas que vão dos relacionamentos amorosos às crises profissionais, *Charmed* equilibra-se entre o real e o imaginário.

O elenco principal restringe-se ao trio das irmãs, que são atrizes novas e famosas no meio americano, já conhecidas por filmes e seriados feitos nos anos anteriores. São o protótipo da mulher ideal das capas de revista e dos sonhos dos adolescentes e provocam assim, fascínio nos homens e idolatria nas mulheres.

Já o seriado *Friends* está no ar há mais de 7 anos. Durante nosso período de participação na lista a sexta temporada estava sendo exibida e completava, assim, um número superior a 110 episódios inéditos exibidos até o segundo semestre do ano de 2000. Com meia hora de duração e repetindo o feito de ser um dos seriados americanos de maior sucesso e maior audiência, é exibido, diariamente, também no canal *Sony*. Os atores principais são três

---

[2] *Sony Intertainent Television*, veiculado em redes de televisão por assinatura.

homens e três mulheres: um casal de irmãos e um grupo que já se conhecia desde o ginásio. São todos adultos que dividem a vida e suas aflições se encontrando sempre em um apartamento. O seriado aborda temas reais de forma cômica com pessoas que são caricaturadas e adoradas pela legião de fãs. Tipos como o eterno romântico, o bonachão irônico, o ator conquistador, a "patricinha", a neurótica e a cantora mística distraída completam as características principais de seus personagens, que recebem dos atores as marcas do sucesso exercido por eles nos Estados Unidos. Relacionamentos amorosos, familiares, profissionais, entre amigos, pessoais, além de problemas com saúde, estética, crises, dúvidas, são recorrentes nas histórias, e a forma como os produtores abordam essas questões encanta pelo tom humorístico que eles mantêm, mesmo quando tratam de morte na família ou escolhas sexuais.

Por exercer fascínio na mídia e nos fãs, muitos produtos já foram comercializados levando o nome do seriado, desde CDs com a trilha sonora da série a coleções limitadas de relógios distribuídas por grifes famosas. Quase todos esses produtos, assim como os poucos produtos relacionados ao seriado *Charmed*, podem ser encontrados em endereços na Internet.

A tela interativa nas "listas de interação"

Temos de considerar em primeira instância o caráter dialógico que a linguagem assume para Bakhtin e, nesse sentido, a relevância da existência do "outro" para que a interação entre interlocutores, princípio fundador da linguagem, se dê efetivamente.

Portanto, não podemos deixar de focalizar a questão da alteridade, que, nas palavras de Barros (1996, p. 26), "define o ser humano, à medida em que se torna impossível pensar o homem fora das relações sociais que o ligam a este outro".

Trataremos, portanto, de um novo tipo de relação social: aquela que está se dando a partir de um novo suporte e assumindo diversas nuances. Mais especificamente, as listas de discussão se constituem apenas como uma única interface dessa ampla gama de possibilidades comunicacionais que a internet nos oferece.

Participando de uma lista de discussão, percebemos que a interação ali desenvolvida se dá de forma triádica, pois envolve o indivíduo interagente, a máquina e o outro (Marques, 1999), que se pluraliza de acordo com o número de cadastrados no endereço eletrônico.

De posse do material coletado nas duas listas de discussão, pudemos observar características bem distintas em cada uma delas. Por isso, optamos por analisá-las separadamente.

Primeiramente, focalizaremos a lista que se intitula *thecharmedones*, por apresentar características discursivas que predeterminam o gênero do debate regrado.

Assim, podemos perceber que as características enunciativas desta lista estão marcadas por relações de poder entre o *owner* e os demais cadastrados.

Afirmamos anteriormente, a importância que o "outro" desempenha na esfera de comunicação verbal. Enquanto interlocutores, os sujeitos estão sempre buscando interpretar ou compreender outros sujeitos, e assumem, assim, uma atitude responsiva ativa, portanto, toda compreensão é, assim como a linguagem, dialógica, pois os interlocutores se constituem e constroem sentidos simultaneamente. Segundo Barros, "as construções são individuais, mas estão elas assentadas no que Bakhtin denomina de horizonte ideológico", (BARROS,1996, p. 32) que abarca relações com discursos prévios e com o contexto sócio-histórico-cultural em que se vive. No exemplo a seguir podemos entrever a atitude responsiva ativa da interlocutora/*owner* para com um interlocutor/cadastrado. Além disso, são visíveis as relações interlocutórias com base em discursos prévios, como no e-mail enviado pela *owner:*

> Ai que saco, eu odeio ter que fazer isso, mas... :o(Esse tipo de news se encaixa melhor numa lista de seriados, a minha por exemplo, mas não em uma de Charmed. Desculpa Bruno[3], eu não quero que você pense que eu estou pegando no seu pé porque eu não estou, eu juro, não estou mesmo, mas vamos manter o off-topic um pouco longe daqui. Ok?!? Se você quiser eu te dou o endereço da minha lista de séries, assim você pode postar essas news lá com o maior prazer, mas aqui é uma lista exclusiva de Charmed, vamos deixar assim, tá bom?!? :o)

Já sabemos portanto, que toda expressão linguística seja ela oral, seja escrita, está sempre visando interlocutores, ou seja, é orientada por eles e, nesse sentido, temos a nítida visão do caráter não só dialógico, mas também sociológico da linguagem. Reutilizaremos aqui o exemplo anterior para demonstrar esse caráter sociológico da linguagem quando a interlocutora/owner orienta seu enunciado demonstrando sua qualidade de criadora da lista.

Assim sendo, temos ainda nesse exemplo, uma orientação de enunciação que se dá de acordo com a sócio-hierarquia do auditório social. Portanto, a owner orienta seu enunciado na intenção de evidenciar sua liderança em relação aos outros participantes da lista. Simultaneamente, podemos

---

[3] Optamos por substituir os nomes reais por fictícios, em todo o texto.

evidenciar o posicionamento de outros participantes da lista para com a moderadora, num aspecto submisso, que constitui uma mescla de respeito com medo de ser repreendido.

> Falando nisso,, pois eu não vj charmed desde o início, (alias vj em epocas hehe mas isso não vem ao caso.. mas eu sempre quando leio resumos de episodios etc, falam que no primeiro episodio a Phoebe acha o Book of Shadows e ela le la o feitico que libera os poderes dela, certo?? Então sei la, eu lendo isso da a impressao que elas não eram bruxas antes e nem sabiam da existencia disso,?? Desculpe se estiver falando alguma besteira, hehe mas to usando desculpa o que a Maria disse uma vez p/ perguntar o que quiser sobre charmed :)

Temos aqui uma situação que reproduz um aspecto presente também na escola: a orientação de temas. E ainda podemos fazer uma analogia com a escolarização[4], necessária na instituição escolar, para que os objetivos possam ser atingidos. Assim, surge a necessidade de programas das disciplinas e objetivos, metas a ser cumpridas. Da mesma forma, o direcionamento de mensagens numa lista de discussão é necessário para que a finalidade que deu origem ao newsgroups não fique perdida. Desse modo, cria-se uma relação, já percebida por Bakhtin, de discurso duplamente orientado, em que a fala é dirigida tanto para os outros participantes da lista (o objeto referencial da fala) quanto para o discurso do "outro" (o *owner* que centraliza a temática).

Contudo, o fundamental para se perceber na interação ocorrida no contexto de uma lista de discussão perpassa a questão da relação triádica citada anteriormente, do poder que o *owner* pode exercer ou não sobre os outros integrantes da lista e vai centrar-se em um ponto relevante para a constituição da subjetividade: os interesses na idade de transição e a possibilidade de a interação ocorrida nas listas de discussão estar contribuindo para a formação subjetiva desses adolescentes.

A adolescência é a etapa do desenvolvimento que finaliza a infância e consolida criações novas, um momento em que o corpo se transforma os interesses, as formas de compreender o mundo e as relações estabelecidas com os adultos são modificadas. É um momento que mescla a evolução biológica com o desenvolvimento histórico-cultural. Nessa fase da vida, os interesses são a força motora do comportamento, e nesse sentido, tal etapa é caracterizada por uma ruptura com os antigos interesses e o desenvolvimento de outros, com base na maturação e na formação de determinadas atrações vitais (FREITAS, 2001).

---

[4] In: Soares, MAGDA (1999).

De acordo com o nosso contexto histórico-cultural, buscamos questionar os resultados das experiências vividas por esses adolescentes, enquanto constituidoras de subjetividades.

Percebendo que, atualmente, a leitura e a escrita não estão limitadas a livros e folhas de papel com traçados de lápis e caneta, (FREITAS, 2001) estamos, com esta pesquisa, compreendendo a Internet e, mais especificamente, as listas de discussão, como instância produtora de linguagem e , um meio interativo e construtor de significados inseridos na contemporaneidade.

Vamos buscar neste momento do texto, os atuais interesses dos adolescentes com base em nossos achados, interesses que são produto da imersão numa sociedade baseada na tecnologia, no consumo, no culto ao corpo, na informação e na ausência de referenciais paradigmáticos para o ser humano, enfim, produto da chamada sociedade pós-moderna.

Ao analisar todos os artefatos, pudemos observar a freqüência com que determinados temas surgiam. Embora a tônica das listas seja seriados americanos, aparecem temas secundários que envolvem a temática principal. Cinema, música, afetividade e preocupação com a estética são os mais relevantes aspectos que vimos emergir das interlocuções entre os integrantes desses *newsgroups*.

Os adolescentes demonstram interesse e trocam opiniões sobre os temas citados, iniciam os assuntos, mas voltam para a temática do seriado e até mesmo à vida particular de cada participante.

> É verdade...
> Gente, eu tô apaixonada ainda!!! Hoje ele passou por mim e, pra variar um pouco, me deixou nua de novo na frente das minhas amigas!...pq ele não me agarra???
> [...]
> Bom eu vou passar a parar de comer maionese e manteiga e de comer entre as refeições p/ ver se eu fico com um corpo malhado igual ao da Jen!!
> [...]
> ... Eu tb não como maionese, nem manteiga, e muito menos como entre as refeições, e continuo no meu peso, sem emagrecer nadinha...
> [...]
> (Fragmentos de e-mails retirados da lista de discussão friendsblvd@egroups.com.)

É possível perceber o interesse dos adolescentes das listas pela vida dos atores e a influência que isso exerce no cotidiano desses internautas. Almejam adquirir objetos usados pelos artistas, querem saber sobre costumes deles; numa busca infinita na direção do mundo dos ídolos. Para realizar tal tarefa, mostram-se bastante prestativos, pois sempre que surgem pedidos de materiais ou dúvidas sobre o seriado os e-mails em resposta são tão rápidos quanto as trocas de mensagens nessa esfera comunicacional.

> Alguém sabe qual é o modelo de óculos que o Matt tá usando!!?? Uau, qu óculos demais... Quero um... Um coca-cola pra quem adivinhar ou souber de um modelo igual...

Em resposta, alguns minutos depois, é enviado o seguinte e-mail:

> Olha, não sei de um modelo igual, mas o George Michael (que, como sabe, é meu cantor favorito) usou um "parecido" num show... eles óculos estão na moda entre os artistas (sei que George é diferente, mas existem diversas cores, tanto em relação às lentes quanto à armação). Estou enviando uma foto (pequena, não me matem) do George com os óculos dele... talvez eles tenham comprado na mesma loja, né? Se quiser o nome da loja, eu te passo (preciso procurar aqui na minha bagunça dos e-mails)... talvez eles tenham comprado na mesma. Ganho uma Coca-Cola? Se puder trocar, eu prefiro Sprite. ;o)

Na troca dos e-mails, nesse processo de interlocução, percebemos algo de extrema importância: o papel formador desse ambiente.

Compreendendo a dinâmica das relações sociais e a influência na construção de uma personalidade individual, ressaltamos a formação da subjetividade do adolescente, com base na temática desenvolvida por eles nas listas. Segundo Vygotsky, "a conduta do indivíduo é idêntica a conduta social". Portanto, o indivíduo é aquilo que o meio social o faz ser. Os adolescentes das listas se interessam pelos assuntos já explicitados e dialogam sobre as questões colocadas. É assim que podemos vislumbrar o nascimento de novos interesses que contribuirão para sua formação subjetiva.

Compreender, então, as listas de discussão como instância produtora de linguagem, portanto formadora de subjetividade, requer considerar o ser humano como um todo inacabado que se constitui através de suas relações sociais. Decorre daí a importância do "outro" na formação subjetiva do ser humano. O excedente de visão que o outro tem a nosso respeito nos é inacessível, o que nos leva a buscá-lo juntamente com nossa completude. É na busca da totalidade perdida que a linguagem emerge como mediadora e como produto final da subjetividade na qual o que se dá no plano interindividual se torna intraindividual (GERALDI, 2000). Através de nossas contrapalavras vamos dando origem a mediações próprias do que foi aprendido. Podemos observar as contrapalavras colocadas nas listas de discussão como formadoras e criadoras de mais interlocuções, já que estamos falando também de correntes enunciativas.

> Antes de entrar para o elenco de Friends, Jennifer Aniston pesava 13 Kg a mais e teve que perdê-los a pedido de seu empresário. Como ela cortou essas gordurinhas?
> - começou a correr 20 Kms todos os dias
> - usou o kit de emagrecimento da Herbalife
> - contratou um personal trainer canadense
> - parou de comer maionese e manteiga e de beliscar entre as refeições
> - com uma tesoura de jardinagem
> [...]
> (*Quiz* enviado para a lista retirado do website www.fulano.com.br)
> Sério? Eu podia jurar que era correr 20 Km por dia! Porque eu não belisco entre as refeições e nem como maionese e manteiga e continuo sendo essa poita!
> [...]
> E perdeu 13 kg em quanto tempo?
> [...]
> Até parece vc na foto tá magrinha. Bjos
> [...]
> (Fragmentos de e-mails que se referiam ao quiz do website citado)

Sabemos ainda que a linguagem, enquanto mediadora sígnica, não se identifica como um sistema acabado, livre de qualquer mutação. Nesse sentido temos visto na escrita dos internautas novas caracterizações e até mesmo novos códigos que estão surgindo à partir de um novo meio interativo. Difícil é, portanto, defini-lo, já que se apresenta como um híbrido que carrega consigo características da conversação, abreviações e ao mesmo tempo se dá a partir da escrita.

> ii eu fiz uma confusao... eu achei q vcs estavam falando da Bruna não sei pq acho q pq ela tb tava doente a pouco temop atras sei la pq.. em todo caso, para me corrigir: eu não encontrei com ela no icq bjos e desculpa pela confusao.

Além disso, podemos notar a entonação que é buscada através de determinados recursos escritos. É, portanto, nesse movimento intenso da língua em transformação e das situações enunciativas que a consciência do sujeito vai se constituindo, o que nos leva a crer também no seu inacabamento. Cada ser constrói sua consciência a partir do que experiência, o que faz com que sejamos seres únicos e ao mesmo tempo indeterminados, quando não podemos afirmar categoricamente "se algo fala de nós ou por nós" (GERALDI, 2000).

Com isso, pretendemos demonstrar a relevância das interações ocorridas nas listas de discussão. Nesse espaço, assim como na escola e no cotidiano, os adolescentes estão internalizando palavras de outros, tornando intraindividual o interindividual, enfim se constituindo enquanto sujeitos e da melhor forma possível: de acordo com seus interesses. Pudemos observar que, a partir de seus ídolos e das histórias que ocorrem nos seriados que deram origem às listas, os adolescentes têm trocado experiências individuais, às vezes usando os integrantes da lista como interlocutores ideais para ouvir experiências pessoais.

> Gente, se é que alguém lembra de mim, aqui é a Bruna, tenho 18 anos, moro em Blumenau, SC e sou uma das moderators da lista!!! Andei meio sumida ultimamente, eu sei, mas para compensar resolvi mandar esse "pequeno" off-topic para compensar!!!
> Quinta feira foi um dia longuíssimo prá mim... Mas antes disso, uma breve introdução...
> Era uma vez uma menina que namorava há um ano e 9 meses. Hehehehehe, quem será essa menina? Poizé, ela sou eu. Como quem me conhece já está careca de saber, tenho uma tara pelo meu professor de Direito Constitucional. Não parou por aí? Calma, calma, não rolou nada??? Poizé...
>
> (Parte inicial de um e-mail que narra todo o fim de semana da autora, e tem como *subject*: "Coisas que aconteceram comigo", é interessante ressaltar que em anexo foi enviado um desenho representando a planta do local descrito pela internauta.)

Conclusão

Depois de apresentar as listas de discussão como instância de produção de linguagem e, portanto, construtora de subjetividade, cabe-nos questionar sobre o acesso a esse novo meio. Em nosso atual contexto, com a popularização da internet grátis, temos visto um número maior de pessoas tendo acesso à rede. No entanto, esse serviço é suficiente para proporcionar igualdade de oportunidades para todos?

É notável que nas listas de discussão, nos *chats* e em todas os demais ambientes dessa esfera comunicacional, os adolescentes têm oportunidade de estar conectados às últimas notícias, ter acesso aos mais diversos países, interagir com todo tipo de pessoa e discutir sobre todo tipo de assunto. Foi também perceptível a contribuição desse novo meio de comunicação na formação desses adolescentes. Sabemos, no entanto, que o conjunto de valores, saberes e conhecimentos trazidos pela globalização traz consigo também a exclusão (GERALDI, 2000). Enquanto uma minoria privilegiada está se formando com o auxílio da Internet, a grande maioria se encontra fadada, quando muito, ao exercício de uma leitura e escrita sem significado, e à obtenção de informações através da escola, jornais e televisões. Temos visto, assim, o desenvolvimento de "um mundo amuralhado, impenetrável, para o não convidado" (GERALDI, 2000), pelo menos por enquanto.

No entanto, o fato da microinformática ter criado os "analfabytes", não é motivo para não desejá-la, mas para buscar modificar essa realidade. Talvez seja utópico pensar como Lévy em uma democratização da internet, já que o suporte informático em si ainda é muito caro. Resta-nos através da instituição escolar proporcionar a todos o que mais se tem evidenciado entre os adolescentes internautas: o valor da leitura e da escrita enquanto práticas socioculturais, e seu papel formador na constituição do sujeito. Cabe ao professor, ainda, proporcionar ao discente o exercício da cidadania da melhor forma possível, sem obrigá-lo a aprender o que os currículos predeterminam, mas orientando a aprendizagem de acordo com o fator mais importante na idade de transição: os interesses.

É assim que podemos minimizar diferenças, formar sujeitos únicos e livres, sem construir barreiras separatistas entre os homens (GERALDI, 2000).

Referências

BAKHTIN, Mikhail. Qué es el lenguaje? In: SILVESTRE, Adriana; BLANCK, Guillermo. *Bajtín y Vigotski: la organizacíon semiótica de la conciencia*. Barcelona: Anthropos, 1993, p. 217-243.

_____. La construcción de la enunciación. In: SILVESTRE, Adriana; BLANCK, Guillermo. *Bajtín y Vigotski: la organizacíon semiótica de la conciencia*. Barcelona: Anthropos, 1993, p. 245-277.

BARROS, Diana Luz Pessoa. Contribuições de Bakhtin às teorias do texto e do discurso. In: Faraco, C. et al. (orgs) *Diálogos com Bakhtin*. Curitiba: Ed. da UFPR, 1996. p.21-42.

COUTINHO, Maria Tereza da Cunha. O discurso pedagógico da televisão: uma discussão sobre dialogia/monologia. *Educação em Revista*. Dossiê: o letramento no Brasil, Belo Horizonte, n. 31, p. 77-85, junho, 2000.

FREITAS, Maria Teresa de Assunção. Relatório Final da Pesquisa *A construção/produção da escrita na Internet e na escola; uma abordagem sociocultural*, 2001.

GARCIA, Claudia Amorim, CASTRO, Lucia Rabello de, JOBIM e SOUZA, Solange Jobim e (Orgs.). *Infância, Cinema e Sociedade*. Rio de Janeiro: Ravil, 1997.

GERALDI, João Wanderley. *A Linguagem nos processos sociais de constituição da subjetividade*. In: EDUCAÇÃO E CIDADANIA, 2000, Porto Alegre. MIMEO.

GREENFIELD, Patricia Marks. *O desenvolvimento do raciocínio na era da eletrônica*; os efeitos da TV, computadores e videogames. São Paulo: Summus, 1988.

LÉVY, Pierre. *As tecnologias da inteligência: o futuro do pensamento na era da informática*. São Paula: Editora 34, 1996.

MARQUES, Mario Osório. *A escola no computador. Linguagens articuladas, educação outra*. Ijuí: Ed. UNIJUÍ, 1999.

OLIVEIRA, Marta Koshl de. *Vygotsky: aprendizado e desenvolvimento, um processo sócio histórico*. São Paulo: Scipione, 1993.

PASOLINI, Pier Paolo. O fascismo de consumo, uma mutação antropológica. In: _____. *Os jovens infelizes; antologia de ensaios corsários*. São Paulo: Brasiliense, 1990. Capítulo I, p. 45-66.

PEREIRA, Rita Marisa Ribes et al. Ladrões de sonhos e sabonetes: sobre os modos de subjetivação da infância na cultura do consumo. In: JOBIM e SOUZA, Solange (Org.). *Subjetividade em questão: a infância como crítica da cultura*. Rio de Janeiro: 7 letras, 2000.

TAPSCOTT, Don. *Geração Digital: a crescente e irreversível ascensão da geração net*. São Paulo: Mackron Books, 1999.

VYGOTSKI, L.S. *Obras escogidas IV*: psicologia infantil. Madrid: Visor, 1996.

Por que *nickname* escreve mais que *realname*?
Uma reflexão sobre gêneros do discurso

Juliana Gervason Defillippo
Patrícia Vale da Cunha

> Tens com certeza um mister, um ofício,
> uma profissão, como agora se diz,
> tenho, tive, terei se for preciso,
> mas quero encontrar a ilha desconhecida,
> quero saber quem sou eu
> quando nela estiver.
> José Saramago, *A ilha desconhecida*.

O presente trabalho investiga as produções escritas de adolescentes em duas esferas sociais distintas: Internet e escola, por meio dos discursos que têm lugar nos ambientes virtuais e nos ambientes reais.

Foi através de nossas experiências como internautas e do olhar atento de pesquisadoras que nos inserimos nas esferas sociais acima descritas, a partir da abordagem qualitativa de pesquisa com referencial bakhtiniano e vygotskiano, na busca da compreensão do significado que os adolescentes estão produzindo para sua escrita nos dois contextos diferenciados.

Depois de meses de observação e interação com internautas adolescentes, percebemos que, nesse novo ambiente, uma nova prática de leitura e escrita surgia, impregnada de criatividade e prazer. Parecia-nos que estávamos entrando em contato com um espaço em que o mundo das letras não era só conhecido e apreciado por esses adolescentes, mas era também transformado e compreendido.

Deparamos entre e-mails, mensagens de texto em salas e programas de bate-papo, textos de *websites*, listas de discussão e tantas outras produções textuais construídas/produzidas nesta esfera, com uma nova forma de ler/escrever diferente da que conhecíamos. Percebemos como esse letramento digital produzia nos adolescentes, observados por nós, um impacto sempre buscado pelos professores em sala de aula, mas adormecido há anos nas desestimulantes redações de temas abstratos, desvinculados da realidade do aluno ou nas vagas interpretações de texto das provas de português.

Abordamos os contextos real e virtual de maneira que pudéssemos vislumbrar, em uma única pessoa, posturas e concepções diferentes para o ato da escrita. Assim, notamos que, atualmente, há que se resgatar o real significado da escrita nas instituições escolares sem, é claro, desvinculá-la de seu objetivo escolarizado. Há, enfim, que se buscar a ressignificação dos gêneros escolares.

Compreendendo os gêneros do discurso

Considerando, com base na teoria bakhtiniana da enunciação, o enunciado enquanto unidade de comunicação verbal, fica claro o fato de que ele se encontra intrinsecamente relacionado a tais esferas comunicacionais. Portanto, um primeiro passo a ser tomado como referencial em nosso trabalho é a decomposição do enunciado em seus elementos formadores.

São eles: conteúdo temático, estilo e construção composicional, elementos que se fundem no todo do enunciado e carregam consigo marcas de uma esfera comunicacional. Tais marcas enunciativas, tornando-se relativamente estáveis dentro de um dado contexto, lançam as raízes dos gêneros discursivos.

Portanto, como os gêneros do discurso são infinitamente diversificados, podem também, segundo Dolz e Schneuwly, ser considerados como "mega-instrumentos que fornecem um suporte para a atividade nas situações de comunicação uma referência para os aprendizes" (Dolz; Schneuwly, 1999, p. 7)

A diversificação dos gêneros discursivos perpassa dois caminhos: o primeiro, que consiste na diferenciação entre gêneros primários e secundários. Enquanto o gênero secundário se caracteriza por situações comunicacionais mais complexificadas, o primário é específico de circunstâncias mais espontâneas e simplificadas da comunicação verbal, tendo "relação imediata com a realidade e enunciados alheios" (Bakhtin, 2000, p. 281). Contudo, é da inter-relação entre este e aquele, que nasce a natureza diversificada do enunciado. Assim, podemos tomar o segundo caminho que consiste na diferenciação dos vários gêneros discursivos de acordo com a situação de enunciação.

Para encerrar este breve tópico, vamos afirmar ainda que os gêneros do discurso são determinados pelas esferas sociais da comunicação, portanto é certo que o surgimento de uma nova esfera acarretará no nascimento de novos gêneros. Nesse sentido é que ratificamos o argumento de que a esfera digital/virtual vem suscitando novos gêneros do discurso.

Gêneros escolares

Segundo Dolz e Schnewly, os gêneros escolares, assim definidos por abarcar os gêneros que a instituição escolar toma para si com o objetivo de transformá-los em meios de ensino da escrita, passam de instrumentos de comunicação a objeto do ensino/aprendizagem.

Portanto, nesta perspectiva, são três as maneiras de abordar o ensino da escrita a partir de gêneros do discurso na escola. A primeira constitui uma prática, que, objetivando o domínio de um determinado gênero, acaba por torná-lo puramente lingüístico e definitivamente destituindo o gênero do seu papel de instrumento comunicacional para transfigurá-lo a formas expressivas de pensamento, percepção ou experiência.

Assim sendo, nesta primeira abordagem, os gêneros trabalhados na escola perdem toda e qualquer relação com a situação comunicacional real para adquirir o caráter de atitudes procedimentais consolidadas para o ato da escrita. Enfim, tornam-se "produtos culturais da escola"[1] com o objetivo de avaliação da produção escrita dos alunos.

Uma segunda abordagem, também proposta por Dolz e Schneuwly, concebe os gêneros escolares como fruto da comunicação escolar. Nesse sentido, até mesmo o interior da instituição escolar sofre transformações para ocasionar situações diferenciadas de produção de textos, o que muitas vezes pode culminar no nascimento de gêneros novos quando também de uma nova forma de comunicação.

Então, nessa vertente, a situação comunicacional é concebida como originária dos gêneros que são aprendidos na prática escolar, nas interações escolares naturais. Nessa concepção, "aprende-se a escrever, escrevendo numa progressão que é concebida como natural" (DOLZ; SCHNEUWLY, 1999, p. 9).

A terceira e última abordagem consiste numa transposição didática de gêneros do discurso de forma que se inseriram na escola sem nenhum desvio de estruturação, ou seja, sem diversificação da escrita, sem a criação de situações comunicacionais autênticas. Enfim, há uma artificialização dos gêneros, visando seu domínio instrumental para que o educando reproduza modelos sem perpassar situações que possibilitem o nascimento de novos gêneros.

---

[1] Dolz e Schnewly utilizam esta expressão em seu texto "os gêneros escolares", publicado na *Revista Brasileira de Educação*, n. 11, de 1999.

É claro, no entanto, que tais abordagens têm, cada uma, aspectos positivos e negativos a ser observados. Além disso, constituem "tipos ideais", ou seja, radicalizações tendendo para apenas uma caracterização. No entanto, temos de perceber que nas instituições escolares elas podem coexistir.

Portanto, o que interessa destacar, é o fato de que a transposição didática de gêneros implica uma transformação parcial, na medida em que há, na verdade, uma escolarização de determinados gêneros discursivos.

Os gêneros ciberespaciais

Sabemos que a variabilidade e a complexidade dos gêneros do discurso estão ligadas à inesgotabilidade das esferas de atividades humanas. Portanto, a diversificação de gêneros vai se dando à medida que tais esferas comunicacionais se ampliam. As várias culturas existentes elaboram, de acordo com suas necessidades, formas típicas de enunciados.

Concebendo, então, que os gêneros estão intimamente ligados ao conjunto de contextos sócio-históricos e ambientes próprios de interação verbal, temos visto atualmente o surgimento de uma nova esfera social de comunicação na qual a interação se dá em meio virtual. Estamos falando aqui do mais novo instrumento mediador de interações verbais, o computador, mais especificamente, a rede mundial que as interliga. Esse novo meio comunicacional constitui atualmente um instrumento cultural responsável pelo surgimento de novos gêneros interativos.

Assim como anteriormente tínhamos a dualidade entre oralidade e escrita, hoje temos a natureza virtual. Portanto, se o oral representou necessariamente uma interação presencial, e a escrita ampliou este tipo de interação para presencial (no caso da leitura de um texto em um congresso, por exemplo) ou não-presencial (no caso de cartas, bilhetes ou outros recursos), o virtual, por sua vez, vem abarcar características de oralidade e de escrita quando possibilita ainda uma interação não-presencial (porém em tempo real) através da escrita.

Enfim, vamos falar agora, especificamente de cada esfera comunicacional, que tivemos a oportunidade de observar e investigar: salas de bate-papo (tanto de *webchats* quanto de *IRC*), e-mails de listas de discussão e e-mails convencionais.

SALAS DE BATE-PAPO

No período que compreendeu os meses de março a julho de 2001, estivemos freqüentemente examinando salas de bate-papo da Internet, tanto de *webchats* como de canais de *IRC* (*internet relay chat*), mais especificamente o canal *Juiz de Fora*[2].

Bakhtin (2000) define como gênero primário aquele que se relaciona com a comunicação discursiva imediata e oral, além de compreender enunciados mais simples como conversas de salão, conversas íntimas de um determinado círculo, conversas cotidianas e familiares, saudações, felicitações, entre outros.

Já quando se trata de gêneros discursivos secundários, Bakhtin afirma que estes se relacionam a situações mais complexas de comunicação cultural mais desenvolvida e organizada e, principalmente, escrita.

Se assim considerarmos a categorização dos gêneros discursivos, podemos identificar nas conversas de salas de bate-papo um hibridismo que se dá tanto pela transformação de gêneros primários em secundários, quanto pelo entrelaçamento entre oralidade e escrita em um novo espaço – o ciberespacial.

1- <Rools_> Olá tudo bemm::::: ;-)
2 - <[lilijf]> Oi, tudo!
3 - <[lilijf]> e com vc?
4 - <Rools_> +- :) e aí tc de JF mesmo?
5 - <[lilijf]> sim
6 - <[lilijf]> e vc?
7- <Rools_> td qts anos?
8 - <[lilijf]> tenho 26
9 - <[lilijf]> e vc?
10 - <Rools_> poxa eu tenhu um pokim – hehe 18
11 - <Rools_> e aí animada pra festa country?
12 - <[lilijf]> nada...
13 - <Rools_> XIIIIIIIII pq? Vc é + caseira? :-/
14 - <[lilijf]> sou sim
15 - <Rools_> hehe injuo de sair n´´e
16 - <Rools_> aposto ki é pelo namorado né?
17 - <[lilijf]> ate q saio, mas naum to mto pra confusaum naum
18 - <Rools_> a eu tb num sou de sair muito não mas eu vou nakela festa nu zeze e um paralamas
19 - <[lilijf]> nossa, o show do paralamas deve ficar mto bom!

---

[2] Um canal do *IRC* criado e utilizado por usuários da cidade de Juiz de Fora/MG.

[...]

20 - <Rools_> HUUUUMMMMMMMMM

21 - <Rools_> poxa xou eu axu ki tem akela coisa animada ne

22 - <Rools_> eu adro o za ramaio mas num vou xou dele nao

23 - <Rools_> mas aki c num vai nenhum dia???????

24 - <[lilijf]> vou naum

[...]

25 - <[lilijf]> vc frequnta esse canal há mais tempo?

26 - <Rools_> é eu nunca tinha visto seu nick

27 - <Rools_> a tem mais de uma ano

28 - <[lilijf]> ah, ta!!!!!!!!!!!!!!!!

[...]

29 - <Rools_curioso> aki eu escrevo tudo errado aki na net percebeu?????

30 - <[lilijf]> mas naum é pra ser assim?

31 - <Rools_> a todo mundo escreve HERRADO

32 - <[lilijf]> hehehe

33 - <Rools_> num é só mim

34 - <Rools_> hah

35 - <Rools_> aa

36 - <[lilijf]> hahahahahaha

37 - <Rools_> poxa

38 - <[lilijf]> pq vc acha que essa escrita ficou assim?

39 - <[lilijf]> aki no chat

40 - <Rools_> é ki vai mais rapido

41 - <[lilijf]> e, tb acho

42 - <[lilijf]> mas to me acostumando ainda

43 – [...]

44 - <Rools_> aki axu ki eu to indo

45 - <[lilijf]> mas já?

46 - <[lilijf]> : (

Nos exemplos acima, podemos notar que a escrita materializa o discurso oral que os interlocutores travam em meio virtual. As palavras ou são escritas exatamente do jeito que são faladas, ou se utiliza o recurso de abreviações. As marcas de oralidade podem ser notadas quando os interlocutores substituem letras intencionalmente para alcançar o som da fala através da escrita. Já quando abreviam palavras, o objetivo passa a ser o de aumentar a velocidade da interlocução.

Certos posicionamentos das salas de bate-papo substituem expressões faciais que interrompem ou incitam determinados enunciados. Por exemplo, em salas de *webchats*, percebemos que existem regras de conversação estabelecidas pelos usuários. Quando há quebra dessas regras, diferentemente do que acontece no *IRC*, em que o internauta é expulso do canal[3], a maneira encontrada para a punição é ignorar o usuário ou, ainda, a organização de atitudes coletivas com o intuito de fazer o internauta se retirar, característica presente também na conversa face a face do cotidiano (gênero primário).

No novo gênero surgido pela mediação da Internet, além da reconfiguração de formatações tradicionais de escrita (maiúsculas, topogramas e *emoticons*[4]) e de um novo sistema semiótico (imagens e efeitos sonoros), há um elemento de complexificação importante, a interlocução. Nesse caso, há uma complexificação nova das funções sociocomunicativas e interativas dos gêneros primários e secundários, pois certas ações discursivas próprias de certos gêneros, ligados à oralidade e à escrita, são reconfiguradas/"misturadas" pela semelhança que possuem: a conversa falada do cotidiano e a conversa-escrita em sessões de *chats* (salas de bate-papo).

As características principais das interlocuções em salas de bate-papo se aproximam das conversas íntimas, cotidianas e descontraídas que, se tivessem ocorrido de forma presencial-real seriam classificadas dentro das categorias bakhtnianas como pertencentes à ordem primária.

Não estamos afirmando aqui que toda sessão de *chat* possa ser caracterizada como essencialmente de ordem primária, mas, na maioria das vezes, é o que ocorre, a não ser por situações em que se dêem congressos em meio virtual ou reuniões de cunho científico organizadas virtualmente, ou, em última análise, uma conversa de *chat* que casualmente (e dificilmente) se complexifique por um determinado motivo e passe a representar uma discussão acadêmica.

Portanto, o que afirmamos neste tópico é que na esfera de comunicação verbal *chat* há um *continuum* oralidade e escrita, e uma transformação de gêneros primários em secundários.

E-MAILS DE LISTAS DE DISCUSSÃO

No presente estudo, priorizamos os e-mails de listas de discussão sobre seriados americanos exibidos em TV por assinatura.

---

[3] Através de recursos do programa controlados pelos operadores do canal.

[4] Caracteres que formam expressões e sentimentos.

Dessa forma, pudemos notar que as interlocuções ocorridas nas listas de discussão pesquisadas muito se assemelhavam às interlocuções travadas em salas de bate-papo, já que elas estavam sempre interligadas por um tema discutido por todos. Nesse sentido, defendemos, baseadas nos estudos de Pierre Lévy (1999), que em listas de discussão há uma ampliação de dialogicidade já que, em um grupo de internautas inscritos, todos recebem mensagens postadas por todos, ou seja, a interlocução se dá também no sentido de todos para todos[5].

Além disso, nas listas que estivemos estudando, os enunciados eram permeados também de oralidade, assim como nos *chats*, e a interlocução se dava quase que de forma imediata, como nos *chats* e nas conversas orais.

Podemos reparar nos exemplos abaixo que o tempo decorrido entre o envio da primeira mensagem até a recepção da resposta é mínimo, se levarmos em conta o espaço-temporal de que o interlocutor dispôs para receber, ler e reenviar a mensagem.

E-mail enviado por Kaytlin O'Neal às 12h e 55 minutos:

- ——Mensagem original——
47- De: Kaytlin O'Neal <kaytlin@020.co.uk>
48- Para: friendsblvd@egroups.com
<friendsblvd@egroups.com>
49- Data: Sábado, 3 de Junho de 2000 12:55
50- Assunto: [friendsblvd] Bemvindos
51-
52- >Aos novos da lista, sejam bemvindos. desculpem nao me
53- apresentar antes, meu nome
54- >
55- >eh Kaytlin, sou inglesa mas vivo em Sao Paulo há alguns
56- anos e tenho 16 aninhos.
57- >
58- >Meu portugues nao eh dos melhores, mas espero que
59- possam sobreviver com ele...
60- >hahahahahaha...
61- >espero que gostem daqui tanto quanto eu, que tambem estou 62- aqui a pouco tempo.
63- >Um beijo, kay

---

[5] O telefone é um dispositivo em que a interlocução, normalmente, se dá de um indivíduo para outro, embora haja reuniões de grupos por telefone também; a televisão, por sua vez, emite mensagens que saem de um único pólo e se direciona para todos; e a Internet, através de *groupwares* é um dispositivo em que a interlocução se dá no sentido de todos para todos.

Rubens em forma de *reply* responde ao mesmo e-mail 3 minutos após seu envio:

> 64- ——Mensagem original——
> 65- De: Rubens Teixeira <rubensfructuoso@bol.com.br>
> 66- Para: friendsblvd@egroups.com <friendsblvd@egroups.com>
> 67- Data: Sábado, 3 de Junho de 2000 12:58
> 68- Assunto: Re:[friendsblvd] Bemvindos
> 69-
> 70- >> Kay,
> 71- >meu nome é Rubens e sou novo na lista.
> 72- >Temos algo me comum: meu inglês não é dos melhores,
> 73- Mas,
> 74- >estou fazendo aulas.
> 75- >Vc sabe como terminou esta temporada de Friends???
> 76- >
> 77- >Rubens Teixeira

Kaytlin, mantendo a forma *reply*, responde ao e-mail 7 minutos depois:

> 78- ——Mensagem original——
> 79- De: Kaytlin O'Neal <kaytlin@020.co.uk>
> 80- Para: friendsblvd@egroups.com <friendsblvd@egroups.com>
> 81- Data: Sábado, 3 de Junho de 2000 13:05
> 82- Assunto: Re:[friendsblvd] Bemvindos
> 83-
> 84- >Oi Rubens eu adoraria poder te ajudar sobre a temporada
> 85- >de Friends, mas eu estava viajado e perdi a maioria dos
> 86- >episódios. Também estava querendo saber.
> 87- >Beijos, Kay

Diante do exposto, podemos dizer que, em se tratando das listas de discussão observadas, o hibridismo aqui ocorrido apresenta características semelhantes às que presenciamos nas salas de bate-papo, ou seja, o *continuum* oralidade e escrita, e a transformação de gênero primário em secundário, porém em um novo ambiente, o virtual.

No entanto, gostaríamos de enfatizar aqui que, em se tratando de listas de discussão, que, por sua vez, têm tema predeterminado, é plenamente possível, e até mesmo comum, a identificação de gêneros secundários do discurso em listas que tratam de temas ligados às várias ciências ou áreas de conhecimento. Nesse sentido, dentro dessa esfera comunicacional, é provável que encontremos com maior freqüência interlocuções que apontem para a categorização secundária do discurso abrindo espaço, assim, para um hibridismo que contemple o *continuum* entre oralidade e escrita.

E-MAIL CONVENCIONAIS

Quando tratamos dos e-mails convencionais há que notar duas situações: a primeira, que se refere a e-mails enviados a amigos ou pessoas mais íntimas, e a segunda, que abarca situações formais ou informações que nos chegam via e-mail.

Nesse sentido, o correio eletrônico muito se assemelha às cartas manuscritas, a não ser pelo meio que o caracteriza: o virtual.

Dessa forma, podemos ter, também nessa esfera comunicacional, a mesma situação híbrida característica das salas de bate-papo ou, ainda, uma situação que mais se assemelhe às interlocuções de listas de discussão com intuitos academicistas, ou seja, que priorizam o discurso de segunda ordem, na classificação bakhtiniana.

E-mail *informal*:

> 88- —— Original Message ——
> 89- From: Cecilia Amaral
> 90- To: Juliana
> 91- Sent: Tuesday, December 26, 2000 11:46 AM
> 92- Subject: FELIZ NATAL ATRASADO...
> 93-
> 94- Ju, naum te mandei um cartào, pq só vi minhas mensagens 96- hj.
> 97- Muito obrigada pelo seu cartão. Lindo adorei.
> 98- espero que vc tb tenha tido um Feliz Natal, e que seu Ano
> 99- Novo tb seja ótimo. Eu tb te adoro
> 100- Milhoes de beijos de sua maninha
> 101- Ceci

E-mail *formal:*

> 102- —— Original Message ——
> 103- From: Fusões Internet <fusoes@fusoes.com.br>
> 104- Sent: Friday, February 09, 2001 11:27 PM
> 105- Subject: Novo Acesso
> 106-
> 107- Caro usuário,
> 108- estamos disponibilzando um novo número 3690-9499.
> 109- Para alterar sua Rede Dial-up para o novo número da
> 110- Fusões.
> 111- 1- Dé um duplo clique no ícone do Meu Computador.

112- 2- Outro duplo clique no ícone Acesso a Rede Dial-up.
113- 3- Clique com o botão direito do mouse sobre o ícone de
114- discagem da
115- Fusões (Fusões
116- 3216-3339) ou (Fusões 3216-1777).
117- 4- Escolha a opção Propriedades.
118- 5- Onde aparece o número do telefone (3216-3339) ou
119- (3216-1777)
120- altere para 3690-9499.
121- 6- Clique no "OK".
122- 7- Clique com o botão direito do mouse sobre o ícone e em
123- renomear
124- altere o nome para "Fusões 3690-9499" . Neste caso vocë
125- estará apenas
126- alterando o nome da conexão.
127- Caso deseje, voce poderá criar uma nova conexão de
128- acesso 82- a Rede Dial-up
129- pois os atuais números de acesso permancem funcionando.
130- Cordialmente
131- Fusões - Acesso a Interneet

Por que nickname *escreve mais que* realname?

Chegamos, enfim, à questão-chave de nosso trabalho em que, a partir do que foi exposto até agora, faremos uma breve análise da escrita produzida na e para a escola e daquela produzida na e para a Internet.

Portanto, neste tópico temos que levar em consideração as situações de produção dessas escritas que são bem diferentes. Para isso temos que considerar de acordo com Bakhtin que *"a variedade dos gêneros do discurso pressupõe a variedade dos escopos intencionais daquele que fala ou escreve"* (BAKHTIN, 2000, p. 291)

Nesse sentido, cabe aqui uma análise do papel ativo que o outro exerce no processo da comunicação verbal. Ora, na Internet temos um outro real, que dialoga verdadeiramente com seu interlocutor e que, portanto, ocasiona interações verbais e escritas com significado. E na escola temos visto muitas vezes o contrário: as enfadonhas redações que partem de situações artificiais que resultam em uma escrita distorcida cujos princípios essenciais são eliminados na medida em que o papel do outro é minimizado e centrado no professor que avaliará o seu aluno.

132- Garota nota 10
133- A namorada do meu colega se chama Isabel Cristina

134- Cordovil, e tem 13 anos.
135- Ela é uma menina muito feia, nasceu no dia 21-1-87 em
136- Bicas/MG. Isabel está cursando a 6ª série e estudando na
137-escola Menino Jesus.
138- Gosta de estudar matemática, é lourinha que gosta de sair
139 - nos fins de semana.
140- Não pode faltar uma paquera e quando se formar quer ser
141- arquiteta.
142- Quando falamos Brasil ela responde: "Verde e amarelo".

No exemplo acima temos a clara visão de uma redação que intenciona cumprir a proposta de uma professora que sugeriu a escrita de uma composição com base numa atividade de leitura anterior. Fica claro nessa composição que nem a atividade que originou a escrita e nem mesmo a escrita foi bem-sucedida. São evidenciadas situações artificiais de produção escrita em que as frases finais acabaram por perder a relação com o todo (v. 142 que não tem nenhuma relação com as anteriores, o que deixa claro que houve um trabalho anterior que lançou as bases para que os alunos escrevessem uma redação se pautando nele).

Vejamos agora um outro exemplo, em que a professora trabalha o gênero narrativa:

143- Narrativa
144- Há um tempo atrás, eu estava numa pequena cidade
145- no interior de Sergipe chamada Ariano Suassuna. Uma
146- cidade simples.
147- Eu fui a igreja com meu amigo João Grilo perguntar se
148- poderia benzer um cachorro. O cão por acaso era do major
149- Antônio Marcos.
150- Ele começou a argumentar coisas que não tinham nada
151- a ver. Ficou dizendo que ele benzer um motor, mas não iria
152- benzer cachorro, pois era diferente.
153- Daí João Grilo falou que o padre iria se zangar e o padre
154- disse que não. E no fim ele benzeu numa boa.

Bem, é importante notar que até o título da redação (v. 143) coincide com o gênero que a professora se propõe trabalhar. Podemos pensar que a atividade proposta aqui se pautou anteriormente na leitura do livro o *Auto da Compadecida* e que, em seguida, a professora explicou o que seria uma narrativa e pediu que os alunos construíssem uma (ou seja, uma narrativa orientada pelo livro lido).

Fica claro que o aluno não compreendeu o que significa narrar. Tanto que ele substitui um possível título para sua redação pela palavra narrativa.

Na realidade, ele não compreendeu que a narrativa é um gênero do discurso. Se analisarmos qual foi o entendimento do aluno enquanto produção dessa redação, veremos que ele quis contar (segundo as orientações da professora) a história do livro, apesar de não tê-la compreendido bem, tanto que coloca como uma cidade o autor do livro *O Auto da Compadecida* (v. 145).

Lançaremos mão agora de um último exemplo em que também ficam evidenciadas as regras que a professora coloca ao trabalhar determinados gêneros, mas que acabam não sendo compreendidas pelos alunos, o que resulta em produções escritas com aspectos artificiais, ou seja, ao lermos a redação, temos a impressão de que a professora colocou passos para que os alunos seguissem, mas não houve um trabalho para que compreendessem o sentido que tem o gênero discursivo trabalhado:

155- Minha Biografia
156- Eu me chamo Tim, nasci dia 2/5/88.
157- Minha família é muito boa, só que aos vezes meu irmão
158- do meio me enche, ele me zoa muito. Não posso me
159- esquecer que tenho 11 anos.
160- Sou alto, moreno, olhos castanhos escuros, me acho
161- bonito e estudioso. Gosto do meu jeito calmo de viver, só que 162- existem pessoas que me deixam nervoso.
163- Para mim, ninguém é perfeito, mas eu gosto de mim do
164- jeito que sou. Eu não detesto nada em mim.
165- Nas horas de lazer, eu faço muita coisa para me
166- destrair, como jogo vídeo game, futebol, RPG e etc.
167- Pretendo fazer textos no colégio bem trabalhados e
168- pensativos, inventando e fazendo deles, os melhores que fiz.
169- A turma que estudo é ótima com muitos amigos, estudo,
170- conversa e diversão.
171- Eu adoro minha vida.
172- A escola é muito interessante, com professores hiper
173- legais com muita diversão.
174- Ninguém me contou, essa escola é ótima, a 6ª B é
175- muito legal também, nós somos muito amigos uns dos ouros
176- e nos divertimos muito. Tem 2 anos que estou na escola.

Diante desse exemplo, podemos vislumbrar claramente o esquema que a professora sugeriu para uma biografia: *colocar seu nome, data de nascimento* (v. 170); *falar sobre sua família* (v. 171-172); *falar sobre suas características e dizer o que gosta e o que não gosta em você* (v. 174-178); *dizer o que você faz nas horas de lazer* (v. 179-180); *dizer o que você pretende fazer no seu colégio* (v. 181-182); *falar da turma que você estuda* (v. 183-184); *falar da sua escola* (v. 186-190).

Enfim, evidencia-se que foi dado um esquema para que os alunos seguissem ou até mesmo uma espécie de formulário a ser preenchido, e podemos perceber simultaneamente a falta de um trabalho com o gênero em si, para que o aluno aprenda o que é uma biografia. Retomando a questão do professor que se torna o outro do aluno para sua produção escrita, passemos a refletir sobre as postulações de Bakhtin (1953) quando nos diz que todo enunciado apresenta fronteiras claramente delimitadas e determinadas pela alternância dos sujeitos falantes.

Tanto no caso de uma produção escrita na escola quanto no caso de um e-mail (por exemplo), temos um outro que contemplará um determinado "enunciador" com uma "compreensão responsiva ativa[6]". No caso da Internet, temos um interlocutor que não avalia, que não pune, enquanto na escola o professor toma para si tais poderes que acabam por influenciar na escrita e atitude do aluno:

> 177- H: Na escola tem que ficar esperto porque se dá um erro, porque
> 178- lá você tem que escrever por obrigação, senão, né? Você não
> 179- pode escrever, ficar sem escrever, senão a professora fala: -
> 180- "Escreve aí" e tal. Na Internet não, você pode, qualquer erro que
> 181- tiver sabe? Você tenta assim não dar muito erro, mas também
> 182- aqueles erros mais sabe? Mais difíceis aí não tem nada a ver.
> 183- Mas na escola não, na escola você tem que por tudo certinho.
> 184- AP: Você falou que escreve por obrigação, como?
> 185- H: Não, porque... se eu não escrever aí eu não vou ter matéria
> 186- no caderno, aí quando chegar o dia da prova, aí eu vou dançar
> 187- na prova. Aí não vai ter jeito. Tenho que escrever por obrigação,
> 188- pra depois eu ler.
> 189- AP: O que geralmente você escreve na escola?
> 190- H: Na escola? É... matéria do livro, sabe? Mas só que o
> 191- professor pega o livro, mas ele resume o livro, aí ele pega e
> 192- deixa no quadro, ou senão ele dita. Mais ele dita... Aí nós

---

[6] Termo usado por Bakhtin para expressar o entendimento e a réplica que o ouvinte/leitor oferece ao seu interlocutor/escritor.

193- escrevemos tudo o que ele fala lá...
194- AP: Na escola você escreve pra quem?
195- H: Pro professor, né? tem um colega meu que nem escreve,
196- mas quando chega a prova, nossa! Aí ele corre atrás, pega o
197- caderno de todo mundo que escreveu pra copiar... se não
198- copiar... assim, se não ficar copiando, aí vai dançar né? Aí eu
199- tenho que copiar pra depois estudar... Tem colega meu que
200- pega o caderno e não copia, depois ele estuda pelo caderno dos
201- outros... dos outros colegas...
202- AP: Na prova, o que você escreve?
203- H: Na prova? É... na prova de Português tem mais redação,
204- assim tipo uma redação assim... perguntas.... Na prova assim é
205- tudo resumido, sabe? As respostas... o professor pede assim: -
206- "Resuma as respostas" que é mais fácil e tal. "Escreve sobre a
207- matéria" que eu estudei...[7]

Como vimos, na redação exemplificada e no fragmento de entrevista acima, o aluno se vê obrigado a trabalhar em sua escrita com aquilo que a escola ensina: as orações que sempre trazem consigo um sentido, e aqui retomamos Bakhtin: "uma oração totalmente inteligível e acabada, se for uma oração e não um enunciado não poderá suscitar uma reação de resposta: é inteligível, está certo, mas ainda não é um todo" (BAKHTIN, 2000, p. 299).

Portanto, enquanto a escola trabalha a escrita dando-lhe um tratamento exaustivo, a Internet por sua vez, por ser uma esfera criativa, não o faz. Os resultados dessa diferença podem ser evidenciados através de enunciados que, ao contrário das orações de redação, são inacabados, mas prenhes de significados para o interlocutor que o compreende no todo de uma cadeia.

Não estamos criticando aqui o trabalho que a escola desenvolve a partir dos gêneros escolares que tomou para si e, sim, como ela o faz. Achamos de suma relevância o trabalho que deve ser realizado na escola, uma vez que os gêneros são instrumentos de organização tanto para nossa fala quanto para nossa escrita. E, garantimos que também os alunos os vêem dessa maneira.

Um exemplo disso é a fala de Talita em entrevista concedida a uma das pesquisadoras, quando comentava sobre um artigo que havia escrito a respeito

---

[7] Entrevista realizada com Hélio pela pesquisadora Ana Paula Marques Sampaio, em 12/02/2001. Os nomes dos adolescentes internautas foram modificados.

de vício na Internet para o jornal *O Globo*, que fazia parceria com sua escola no Rio de Janeiro:

> 208- T: Cê tem que seguir a regra de... é... como é que eu posso te...
> 209- o estilo de texto, né? O estilo de texto jornalístico... Agora o tema
> 210- é livre... O tema é seu! [...] Eu até prefiro seguir regras. [...]
> 211- Porque pelo menos assim se você conhecendo as regras.... Ah
> 212- não sei... acho que fica mais bonito... Que nem a gente conhecia
> 213- as regras e tal... ó, regra é isso, isso e isso. Faz o que você
> 214- quiser aqui dentro disso. Aí você vai e se vira... Ó esse texto do
> 215- vício, eu sentei era na sexta-feira de noite e na quinta-feira a
> 216- noite, e na sexta-feira eu tinha que entregar o texto.... Eu abri o
> 217- mIRC e o bloco de notas... e comecei a escrever... eu já tinha
> 218- feito a pesquisa com as pessoas, era só ir encaixando e tal não
> 219- sei o que... imprimi e levei pro Globo. Aí a mulher elogiou e tal
> 220- [...][8]

Bakhtin (2000) enfatiza que, para usar criativa e livremente o gênero discursivo, é necessário dominá-lo bem. Daí a necessidade da escola lançar as bases deste domínio, mas sem destituir o aluno de sua criatividade.

Cabe à escola, portanto, propiciar aos alunos o domínio dos gêneros para que eles possam usá-los com desembaraço; afinal, os gêneros é que dirigem nosso processo discursivo.

Dentro desse panorama, a escola deve dar menos ênfase às estruturas sintáticas e às orações (unidades da língua, segundo Bakhtin) e trabalhar com enunciados (unidades da comunicação verbal, segundo Bakhtin) para tornar a escrita significativa para as crianças e os adolescentes, ou seja, tão prazerosa quanto a que temos visto ser desenvolvida na Internet.

E aqui, finalizamos este tópico, mais uma vez, com o interlocutor central deste texto, Bakhtin, (1953, p. 311): "apenas o contato entre significação lingüística e a realidade concreta, apenas o contato entre a língua e a realidade – que se dá no enunciado – provoca o lampejo da expressividade".

---

[8] Entrevista realizada com Talita feita por Patrícia Vale da Cunha em 05/12/2000.

Portanto, ouçamos a voz desse russo para não correr o risco de ouvir de nossos alunos o que ouvimos de nossos sujeitos de pesquisa:

> 221- T: Ah... *na escola é páia* né? Ah não, ah sei lá... você escrever
> 222- na escola... [...] é muito melhor você escrever sobre um tema
> 223- livre, cê vai falar o que cê quiser. Então cê escreve ó se vira!
> 224- Escreve aí! Aí eu escrevia numa boa. Agora na escola
> 225- geralmente você tem que... você tem uma prova, você tem a
> 226- questão... tem que desenvolver, aí eu não sei não.... *acho mais*
> 227- *chato*...[9]
> 228- M: [...] O que é teclar para você?
> 229- T: É a mesma coisa que escrever e que falar... [...] Só que não
> 230- vendo a pessoa, e escrever não com um papel, assim. [...] No
> 231- papel você pega um lápis, escreve um monte de palavras e só.
> 232- No computador já é, tipo assim, tem um papel dentro do
> 233- computador *(sic)* e você já escreve direto assim, *não precisa*
> 234- ficar fazendo muito esforço. [...] Escrever assim já cansa um
> 235- *bocado*.[10]

É assim que reafirmamos o argumento de que a Internet oportuniza através da escrita situações de interação que despertam o interesse de crianças e adolescentes. Por isso, a escola deve voltar seu olhar para esse novo espaço de interação, não com o intuito de considerá-lo o fim das dificuldades para o ensino-aprendizagem da língua materna ou de outros conteúdos curriculares, mas como um auxílio no que tange à descoberta dos interesses de crianças e adolescentes, e, ainda, como um indicativo da importância de se enfatizar situações que estejam interligadas às realidades vivenciadas pelos sujeitos da aprendizagem.

Considerações finais

A nossa conjectura é de que leitura e escrita assumem hoje um novo conceito que consiste na apropriação do real interpretando-o e produzindo-o, o que nos leva a afirmar que não basta saber escrever e ler somente.

Aos professores de adolescentes como nossos internautas pesquisados, que alfabetizam e ensinam, poderíamos revelar que o ensinar a ler e escrever jamais pode ter a reprodução e a forma como centrais. Leitura e

---

[9] Entrevista realizada com Talita feita por Patrícia Vale da Cunha em 05/12/2000.
[10] Entrevista realizada com Tim feita por Mirtes Zoé da Silva Moura em 12/02/2001.

escrita precisam ser consideradas como processos de abstração a partir de situações reais que impõem, por essência, a elevação da reflexão em relação a qualquer reprodução que congela e copia o real.

Ensinar a ler e escrever é ensinar a pensar e criar, a conceituar e compreender, permitindo que o educando se aproprie da realidade interpretando-a, produzindo-a e transformando-a, o que, nitidamente, é o que vêm fazendo os adolescentes-internautas observados por nós.

Essencialmente leitura e escrita se dão por sedução. Jamais um aluno partirá em busca da *ilha desconhecida* se não se sentir seduzido por ela. Se a Internet se apresenta como *ilha desconhecida* para tantos professores, é mister que nos lancemos ao mar em busca desse tesouro que vem interagindo e transformando nossos adolescentes.

É evidente que as transformações que acompanhamos não garantem a resolução de problemas já existentes e resistentes nas salas de aula. Percebemos prioritariamente a confirmação de uma realidade já vislumbrada antes mesmo da imersão de outras (já velhas) tecnologias em ambientes pedagógicos.

Mas, de todo modo, diferentes adolescentes vêm se formando por trás desse ambiente virtual, e, estimuladas, contemplamos que, essencialmente, essas transformações têm como pano de fundo a leitura e a escrita. Talvez estejamos diante de uma forma de leitura e escrita que se aproxima sobremaneira da agilidade e da complexidade do pensamento humano, o que responde pela sedução que a Internet vem proporcionando aos adolescentes.

Descobrimos muitas *ilhas desconhecidas* durante nossas viagens virtuais e reais, e esperamos tê-las desvendado em nossa análise ou, ao menos, instigado outros navegantes a se aventurar por esses caminhos.

Referências

BAKHTIN, M. *Marxismo e filosofia da linguagem*. São Paulo: HUCITEC, 1988.

_____. *Estética da criação verbal*. São Paulo: Martins Fontes, 2000.

COSTA, Sérgio Roberto; FREITAS, Maria Teresa de Assunção. *Projeto de Pesquisa: A construção/produção da escrita na Internet e na escola: uma abordagem sociocultural*. Juiz de Fora: mimeo, 1999.

LEITE, L. S.; SILVA, M. T. *A sociedade conectada: caminhos para a formação de professores*. Disponível em <www.revistaconecta.com.br>

MARTINS, F. M; SILVA, J. M. *Para navegar no século XXI: tecnologia do imaginário e cibercultura*. Porto Alegre: Sulina, 1999.

NICOLACCI-DA-COSTA, A. M. *Na malha da rede*. Rio de Janeiro: Campus, 1998.

RAMAL, A. Cecília. *Avaliar na cibercultura*. Disponivel em: <www.revistaconecta.com.br>

SARAMAGO, José. *O conto da ilha desconhecida*. São Paulo: Companhia das Letras, 1998.

SCHNEUWLY, Bernard; DOLZ, Joaquim. Os gêneros escolares: das práticas de linguagem aos objetos de ensino. *Revista Brasileira de Educação*. Faculdade de Psicologia e Ciências da Educação, Universidade de Genebra, n.11,1999, p. 5-16.

TAVARES, Kátia. *O papel do professor – do contexto presencial para o ambiente on-line e vice-versa*. <www.revistaconecta.com.br>

XAVIER, A. C.; SANTOS, C. F. O texto eletrônico e os gêneros do discurso. *Revista de Estudos Lingüísticos – Veredas*. Juiz de Fora: UFJF, 2000, p. 51-57.

A pesquisa escolar em tempos de Internet

Alessandra Sexto Bernardes
Olívia Paiva Fernandes

A questão que nos propomos a discutir envolve a problemática da pesquisa da e para a escola. Embora timidamente explorada em pesquisas e na literatura nacional, esta temática retoma, com a difusão das novas tecnologias no ensino – e, particularmente, da Internet – a sua atualidade. Mesmo assumindo novos contornos, essa questão traz à tona, no entanto, uma velha discussão: o que é e qual é a funcionalidade da pesquisa nos meios escolares?

Este texto nasceu na última e quarta fase da pesquisa "A construção/produção da escrita na Internet e na escola: uma abordagem sociocultural", que foi desenvolvida pelo Grupo de Pesquisa Linguagem, Interação e Conhecimento (LIC) de agosto de 1999 a julho de 2001.[1] Focalizando a escrita enquanto prática sociocultural, esta pesquisa constituiu-se com o objetivo de compreender as práticas interacionais de letramento de um grupo de usuários da Internet, alunos do Ensino Fundamental e do Ensino Médio de escolas públicas e particulares de uma cidade de porte médio e, conseqüentemente, analisar suas peculiaridades processuais, genéricas e lingüístico-discursivas.

Na fase inicial, interagimos com esses usuários via canais de bate-papo, listas de discussão e correio eletrônico da Internet, utilizando principalmente a observação participante no meio virtual para compreender a construção/produção da escrita nesse novo instrumental eletrônico-digital.

---

[1] Coordenada pela Prof.ª Dr.ª Maria Teresa de Assunção Freitas e pelo Prof. Dr. Sérgio Roberto Costa no biênio 1999-2001, esta pesquisa contou com o apoio do CNPq e da FAPEMIG para ser desenvolvida. Sob a coordenação da Prof.ª Dr.ª Maria Teresa de Assunção Freitas e vinculado ao Núcleo de Pesquisa e Estudos em Linguagem (NUPEL) da Faculdade de Educação da UFJF, o LIC conta atualmente com 10 integrantes, entre mestrandos e bolsistas de iniciação científica. De agosto de 2001 a julho de 2003, o grupo dedicou-se à pesquisa "A construção/produção da leitura/escrita na Internet e na escola: uma abordagem sociocultural" (continuidade e desdobramentos).

Procurando interrelacionar essa nova forma de escrita mediada pela Internet com aquela desenvolvida nas atividades escolares, realizamos entrevistas presenciais[2] com nove sujeitos adolescentes, e a análise transversal delas apresentou a pesquisa escolar como dado recorrente. Desse modo, neste texto, procuramos compreender, através do discurso dos adolescentes entrevistados, estudantes/internautas, a construção/produção da pesquisa escolar, mais especificamente aquela que se processa *no e pelo* contexto hipertextual da Internet, buscando a sua funcionalidade no contexto do ensino e o seu papel na constituição do sujeito leitor-escritor.

Num primeiro momento, situamos o surgimento da prática da pesquisa no contexto escolar brasileiro e sua relação com o desenvolvimento e a função do espaço da biblioteca. Das bibliotecas tradicionais às virtuais, alcançamos o contexto hipertextual da Internet no intuito de caracterizá-lo como um novo local de pesquisa e de armazenamento de informações, cujas peculiaridades trazem novos modos e outras formas de efetivação dessas mesmas práticas. Com suporte na teoria enunciativa da linguagem de Bakhtin, concebemos a leitura no contexto hipertextual da Internet como produção de sentidos e procuramos analisar, mais especificamente no que tange à construção/produção da escrita, a questão da autoria da pesquisa escolar, focalizando-a em sua dimensão textual/discursiva.

No entrelaçamento das vozes dos adolescentes entrevistados com as nossas próprias vozes e as dos autores sócio-históricos que nos embasam, pretendemos compreender os sentidos que os alunos trazem para essa prática tão comum em seu dia-a-dia na escola, bem como surpreender em seus discursos o papel a ela atribuído pelos seus professores, erigindo, assim, uma nova concepção de pesquisa escolar que ultrapassa os limites da mera cópia, seja ela manuscrita, seja impressa, mas fundamentalmente uma atividade escolar que envolve a construção de conhecimentos através dos atos de ler/escrever e que, certamente, na atualidade, tem extrapolado a materialidade das páginas do códex, portanto as paredes das bibliotecas tradicionais.

---

[2] Vale ressaltar que, nesta pesquisa, a entrevista assumiu um tom diferencial porque amparada pelos pressupostos da teoria enunciativa da linguagem de Bakhtin. Assim como na fase de observação participante no meio virtual, buscamos nos aproximar compreensivamente de nossos sujeitos, no intuito não somente de falar sobre suas práticas de escrita, mas, principalmente, de entrar em diálogo com eles, buscando os novos sentidos desta prática nesse novo ambiente da contemporaneidade, procuramos, na realização das entrevistas, percorrer os mesmos objetivos: promover, na interação pesquisador-pesquisado, a construção de sentidos outros para essa prática, trazendo, porém, para a discussão também aquela desenvolvida no âmbito escolar.

Situando a pesquisa escolar

Para enfrentar uma discussão sobre a pesquisa escolar, sentimos a necessidade de defini-la. Bagno (1998), numa obra interessante dedicada aos professores a respeito do que é e do como se faz pesquisa na escola, sugere que se inicie pela própria palavra:

> Pesquisa é uma palavra que nos veio do espanhol. Este por sua vez herdou-a do latim. Havia em latim o verbo perquiro, que significava "procurar; buscar com cuidado; procurar por toda parte; informar-se; inquirir; perguntar; indagar bem, aprofundar na busca". O particípio passado desse verbo latino era *perquisitum*. Por alguma lei da fonética histórica, o primeiro R se transformou em S na passagem do latim para o espanhol, dando o verbo pesquisar que conhecemos hoje. (p. 17)

Poderíamos, então, nos referir à pesquisa como uma procura por algo verdadeiro; busca pelo conhecimento busca feita com cuidado e profundidade, até mesmo método para tornar mais interessante e participativo o ensino na sala de aula. Mas, será que a pesquisa escolar se resume no exposto acima? Como ela surgiu no contexto da escola?

Encontramos subsídios em Milanesi (1985), Suaiden (1995) e Santos (1989) para afirmar que a pesquisa escolar foi uma necessidade criada no bojo de um decreto oficial que tinha como propósito instaurar novos contornos ao ensino brasileiro. Trata-se da Reforma do Ensino de 1971, que através da implantação da Lei 5.692 redimensionou toda a estrutura do ensino e institucionalizou a pesquisa na escola como prática obrigatória. A pesquisa escolar passou a ser, então, um dever do professor e uma atividade a ser também cumprida por parte do aluno. Criou-se, então, a necessidade de se fazer pesquisa na e para a escola. Diante disso, a pesquisa escolar estaria no centro do processo pedagógico, isto é, a aprendizagem de conteúdos de interesse dos alunos coordenada pelo professor seria mais importante do que a exposição oral de conteúdos em seqüência fixa e predeterminada.

No entanto, ao ecoar no cotidiano das escolas, essa proposta institucional tomou outras dimensões que, de acordo com Milanesi (1985), não foram nada positivas. Esse autor aponta dois fatores fundamentais que contribuíram para isso: o desconhecimento dessa prática pelos próprios professores e o despreparo da escola para o atendimento das novas necessidades para a realização dessa atividade, como, por exemplo, a ausência de bibliotecas escolares. Segundo ele, um professor que não pesquisa não pode instaurar em seus alunos, o desejo de pesquisar. E, por outro lado, sem as mínimas condições materiais para efetivar essa prática – já que pesquisar supõe livros

– a escola não pôde, sem um acervo adequado nas poucas bibliotecas que até então figuravam em seu contexto, atender à nova demanda por parte dos alunos e dos professores.

A prática da pesquisa da e para a escola configurou-se, a partir de então, como uma atividade mecanizada, destituída de significação, uma mera tarefa a ser cumprida por parte do aluno que passava a freqüentar as bibliotecas sob a obrigatoriedade imposta pela escola. Não se concretiza, portanto, uma integração no trabalho da escola e da biblioteca: critica-se, de um lado, o bibliotecário, as (des)orientações de pesquisa fornecidas pela escola, que, por sua vez, não procura executar ações concretas para oferecer novos sentidos a essa prática. De outro lado, o professor reclama a falta de acervo adequado das bibliotecas e, em meio às pressões da rotina diária, não freqüenta esse espaço suficientemente para conhecê-lo. E os alunos? Suas visitas à biblioteca acabam se transformando em "tiros no escuro" como se fossem leitores que se perdem na caminhada da leitura e, assim, ancoram-se em qualquer material disponível, de preferência, "bem mastigado" (SILVA, 1991, p. 104-112).

Podemos afirmar que, ainda hoje, os estudantes não buscam o espaço das bibliotecas pelo prazer advindo da experiência da leitura que, por sua vez, instaura também a necessidade da escritura. Muitos livros ainda são disputados não pelo simples desejo de ler mas, sim, porque o professor solicitou uma determinada pesquisa que será por ele avaliada ao final do bimestre. O quadro ainda se agrava se pensarmos no surgimento das novas tecnologias de cujos aparatos muitas das bibliotecas do País ainda não dispõem.

Encontramo-nos hoje diante de uma pluralidade de linguagens. Com as transformações revolucionárias da ciência e das tecnologias da informação, diversificam-se os modos de ler e escrever, multiplicam-se os objetos e os suportes de leitura e escrita e os lugares onde essas práticas se efetivam. As mudanças decorrentes dos novos instrumentos de computação e multimídia afetam profundamente o processo de produção escrita e de comunicação, proporcionando ao homem de hoje uma experiência de leitura bem diversa daquela cujo espaço era reservado exclusivamente a museus e centros de cultura, bibliotecas e livrarias. Porém, longe de anunciar o fim do códex, os novos suportes de leitura vêm estendendo a outros campos as potencialidades que, desde sempre, marcaram a singularidade do livro como produto cultural.

Com o crescente desenvolvimento das novas tecnologias, o professor se depara com um novo meio de se "fazer pesquisa": a Internet. Agora, não é mais o professor que apresenta um local onde os alunos possam pesquisar, mas são eles que trazem para o educador resultados das pesquisas realizadas em um novo meio: o virtual. Muitos alunos estão mediando o contato dos seus professores com esse ambiente que emerge como um local peculiar de pesquisa e interação/comunicação humana, sem fronteiras e desprovido de materialização, onde as informações adquirem uma plasticidade e mutabilidade imediatas. Como se caracteriza a pesquisa no ciberespaço? Quais atitudes demandam do seu usuário-pesquisador? Que modificações opera na realização dessa prática tão deturpada no cotidiano escolar?

Das bibliotecas convencionais à Internet: caracterizando o ciberespaço e o hipertexto

A Internet constitui não só um repositório abrangente de informações variadas, mas fundamentalmente um provedor poderoso, que pode ser acessado a qualquer hora e de qualquer lugar. Como um imenso banco de dados *on-line*, a Internet disponibiliza para seus usuários uma verdadeira explosão de informações que demandam procedimentos outros de localização, utilização de seus documentos, assim como de outros modos de apropriação via leitura. Para Chartier (1998), muito mais que o invento de Gutenberg, a tela, substituta do códex, veio operar as mais profundas e radicais transformações na atividade leitora-escritora, pois são os modos de organização, de estruturação, de consulta ao suporte do escrito que se modificaram e não somente as suas técnicas de reprodução.

Da passagem de uma leitura necessariamente oralizada e indispensável ao leitor para a compreensão de seu sentido a uma leitura possivelmente silenciosa e visual; de um modelo monástico de escrita com funções de conservação e memorização a um modelo escolástico, que reveste a leitura com funções de trabalho intelectual; de um estilo intensivo de leitura a um outro extensivo, encontram-se talvez os "leitores-navegadores" do ciberespaço no limiar da grande revolução digital, diante de uma nova forma de leitura que muitos já denominam por "hiper-extensiva" ou "leitura para informação". Esse tipo de leitura estaria associado justamente à sobrecarga de informações disponíveis no ciberespaço, cujos efeitos, através da realização de pesquisas *hiper-extensivas*, no leitor, seria o de fragmentação de sua experiência de leitura em pequenas unidades de informação (RODRIGUES, 2000, p. 2-5).

Mercado (2001) nos diz que o surgimento da Internet é análogo ao surgimento das grandes bibliotecas, pois "seus sites são como livros que foram sendo acumulados não mais em um único espaço, mas em diversos computadores ao redor do mundo" (p. 58). Além de habilidades novas no processo de localização da informação, torna-se fundamental para o usuário-pesquisador também um processo de filtragem e seleção dos dados que encontra, evitando a dispersão. A pesquisa na Internet requer "habilidades especiais em virtude da rapidez com que são modificadas as informações nas páginas e da diversidade de formas e pontos de vista envolvidos"

(MERCADO, 2001, p. 64).Uma das novas habilidades exigidas aos usuários deste novo aparato da tecnologia eletrônico-digital é a de ler um texto cujos contornos ultrapassam as margens das páginas tradicionais.

Os hipertextos informáticos apresentam-se sob a forma de "uma escritura eletrônica não-seqüencial e não-linear que se bifurca e permite ao leitor o acesso a um número praticamente ilimitado de outros textos a partir de escolhas locais e sucessivas, em tempo real" (MARCUSCHI, 1999, p. 1). Permitindo ao leitor constituir progressivamente um conjunto fugaz de elementos textuais, o hipertexto não mais apresenta, assim como os textos tradicionais, uma estrutura linear fixa, hierarquizada, com elementos textuais mais ou menos autônomos que se ligam coesivamente e coerentemente por relações de ordem (COSTA, 2000, p. 47). Caracterizando-se como uma estrutura de rede, o hipertexto traz elementos textuais que, como pequenos nós, são conectados por relações pouco hierarquizadas e não-lineares.[3]

Há na Internet uma infinidade de hipertextos dos mais variados tipos. Existem aqueles criados especificamente para o ambiente virtual, mas também pode ocorrer uma simples transposição de textos tradicionais através da mera informatização de sua estrutura para a Internet. O que pretendemos destacar são os possíveis e reais efeitos dessa nova tipologia/gênero textual para os modos e as formas de leitura que, são, portanto, fundamentais no processo de construção de uma pesquisa que tem como fonte de informação o meio virtual.

Xavier e Santos (2000), amparados pela teoria enunciativa da linguagem de Bakhtin, afirmam que as principais operações modificadoras efetuadas pelo hipertexto sobre os gêneros do discurso dos quais derivou, especificamente dos secundários, foram as seguintes: a "reconfiguração das formatações tradicionais da escrita"; "a superposição de sistemas semióticos" e, por último, "a complexificação das funções sociocomunicativas dos gêneros anteriores" (p. 53).

Ainda no interior dessas operações, poderíamos citar as transformações na relação do leitor com o texto que se dá a ler. Para Chartier (2001), este é um dos aspectos totalmente novos inaugurados com o hipertexto, ou seja, a possibilidade leitor imergir na própria escritura tornar-se co-autor dela, traz novas conceituações do que seja autoria. Segundo ele, para os gregos, o leitor era escravizado pelo texto, daí a existência dos avisos, alertas e prólogos no

---

[3] Marcuschi (1999) aponta e desenvolve algumas características que determinam a natureza do hipertexto como um fenômeno essencialmente virtual e descentrado que se determina por um deslocamento indefinido de tópicos: a *"não-linearidade"*; a *"volatibilidade"*; a *"topografia"*; a *"fragmentariedade"*; a *"acessibilidade ilimitada"*; a *"multisemiose"* [sic]; a *"interatividade"* e, por fim, a *"iteratividade"*.

todo da obra. Entretanto, alerta-nos que o leitor tem através da leitura também a capacidade de criar novos sentidos, extrapolando, assim, as páginas territorializadas do texto, projetando para além delas seus sonhos e expectativas. Desse modo, afirma que, além de escravo o leitor é também um produtor, um criador de um texto sempre novo – "aquele que ele cria dentro de si mesmo" (p. 87). Se antes o leitor era considerado escravo e criador, agora essa escravidão está acabando por completo.

O leitor de hipertextos midiáticos pode hoje interferir na própria materialidade da escritura, ou seja, o meio eletrônico veio trazer a possibilidade de o leitor submeter o texto a diversas operações e, a partir delas, construir um novo texto. A tela libera o leitor que, se antes só podia inscrever-se no objeto impresso clandestinamente ocupando os espaços em branco deixados de lado pelo escrito, agora, com o hipertexto eletrônico pode tornar-se "um dos autores de uma escrita de várias vozes ou, pelo menos, encontra-se em posição de constituir um texto novo a partir de fragmentos recortados e reunidos" (CHARTIER, 1994, p. 103). O texto eletrônico vem, ainda, superar a antiga contradição que opõe o sonho de uma biblioteca universal, que reúne todos os textos escritos e publicados, à realidade decepcionante das coleções que, por maiores que sejam, apenas oferecem uma imagem lacunar do saber universal: "a comunicação de textos á distância, anulando a distinção, até então irremediável, entre o lugar do texto e o lugar do leitor, torna pensável, acessível, esse antigo sonho" (ibidem, p. 106).

Das bibliotecas convencionais às bibliotecas virtuais e digitais, do texto ao hipertexto, o homem se utiliza da busca das mais diversas e controversas fontes de informação para construir conhecimentos. Esse é o ponto-chave para se partir para uma outra conceituação da atividade de pesquisa da e para a escola no contexto hipertextual da Internet: a diferenciação entre informação e conhecimento.

A pesquisa escolar enquanto uma produção textual-discursiva: a questão da autoria

Compreendemos a pesquisa escolar como uma atividade que envolve a produção de textos que são produto de um processo de construção de sentidos conferidos pelo aluno a um tema proposto geralmente pelo professor. O texto da pesquisa escolar no e pelo contexto hipertextual da Internet envolve a escritura de todo um outro contexto enunciativo que o precedeu é, muitas vezes, resultado de discursos utilizados por quem propõe que se faça esse texto. Objeto de avaliação por parte do professor, o texto da pesquisa escolar tem sido fruto de grandes controvérsias no contexto pedagógico: a cópia de um verbete de uma enciclopédia ou impressão de uma página da Internet pode ou não ser considerada uma pesquisa?

O fato é que se modificaram os suportes da leitura e da escrita, e a questão continua sendo a mesma: copiar não é pesquisar. Dos numerosos e pesados volumes de uma enciclopédia enfileirados nas estantes da biblioteca à leveza das infinitas páginas de um CD-ROM rolando verticalmente sobre a tela de um computador ou mesmo nos saltos de uma página a outra da Internet, o fato é que, em se tratando da pesquisa da e para a escola, muitas vezes, percebe-se uma "alteração técnica sem que o conteúdo na prática fosse afetado" (MILANESI, 1989, p. 143). De posse dos dados que lhes interessam, como os adolescentes prosseguem na atividade da pesquisa? Frente ao códex, cópia à mão ou xerox. Diante da tela do computador, a cópia suaviza-se nas teclas, e aplica-se o comando para imprimir do que já veio pronto. A reprodução de textos que antes era feita com o recurso técnico do xerox, torna-se hoje ainda mais fácil com o recurso das impressoras, pois que o aluno não necessita sequer dirigir-se a uma biblioteca – reclamam os professores.

Entretanto, a questão do texto da pesquisa escolar concebida e efetivada enquanto mera cópia de trechos de uma enciclopédia já nos é bastante conhecida. Precisamos, na verdade, problematizá-la um pouco mais, buscando suporte em outros caminhos teóricos, no intuito de avançar um pouco no conhecimento produzido a respeito. É este, portanto, nosso objetivo neste momento: ao problematizar a questão da cópia no texto da pesquisa escolar, buscar subsídios na teoria enunciativa da linguagem de Bakhtin, ultrapassando o conceito de reprodutibilidade enquanto mera operação técnica e/ou mecanizada do texto pelo sujeito/aluno.

Através da prática da pesquisa da e para a escola, os alunos levaram para o interior do processo pedagógico uma nova ferramenta de trabalho, um novo instrumento que provocou modificações nas atitudes do professor em seu processo de ensinar. O fragmento a seguir é bastante eloqüente no que diz respeito à recepção dos professores no tocante às novas tecnologias que povoam o mundo extra-escolar:

Fragmento 1[4]
P: Como é que você viu a questão de você ter acesso a Internet, poder pesquisar para trabalhos no seu dia a dia da escola? Como percebeu isso?
LF: Ah, facilitou muito, porque antes você tinha que pegar de livro, aí bater no computador. Na Internet é muito mais fácil, é

---

[4] Este fragmento foi extraído da entrevista realizada por uma pesquisadora do grupo de pesquisa, representada pela letra "P" com Luís Felipe, 18 anos, cursando pré-vestibular, representado pelas iniciais de seu primeiro nome.

só pegar. Tem que ler né? Mas assim, você lê o que você quer, separa as melhores coisas. Se você copiar também, o professor vai e descobre que você só colocou e imprimiu o trabalho. Aí não, você pega, que nem eu te falei, as melhores idéias, você junta e monta um trabalho mais completo, com idéias de vários profissionais, vários sites, de muita gente diferente.

P: Como seus professores estão vendo essa questão de vocês utilizarem a Internet como instrumento para trabalhos na escola?

LF: Quando começou esse negócio de Internet, de trabalho, os professores não deixavam não, achavam que a gente ia copiar tudo, eles não queriam que a gente usasse a Internet. Falavam que só podiam ser entregues à mão. Só que depois eles foram acostumando, foram vendo que era necessário a gente aprender. E era muito mais fácil para a gente, não perdia tanto tempo assim fazendo trabalho. Aí, eles começaram a deixar, a gente no site e entregava do computador mesmo [...] pegando já, copiando tudo dos sites, às vezes, mudava muito pouca coisa. Desde que a gente pelo menos apresentasse o trabalho ou então soubesse falar, não entregasse o negócio sem ler, sem saber o que era [...]. Como eu te falei, eles não eram a favor não, mas hoje, eu acho que eles aceitam bem, sabe? Só não gostam quando a gente copia, só copia o negócio sem saber o que aconteceu. Aí, eu acho assim, os professores estão certos, tem que ser, pedir a gente para apresentar o trabalho. A gente não só copiar, mas também ler, saber o que é que está escrito lá. Mas hoje em dia, eles aceitam e até incentivam o uso da Internet. Porque é muito mais fácil tanto para gente e assim [...] até para melhorar o conteúdo do trabalho, é melhor... como eu vou dizer? Incrementa o trabalho.

Um dos meios de entrada da Internet na escola tem sido justamente a realização da pesquisa escolar. Através dessa atividade os alunos têm levado aos seus professores a oportunidade de refletir sobre as conseqüências das novas tecnologias da informação na produção do próprio conhecimento escolar. Na opinião dos usuários-adolescentes, a Internet tem facilitado – e muito – a realização da pesquisa da e para a escola. A variedade de textos e informações que a rede disponibiliza, a redução do tempo material e as modificações trazidas pelo computador enquanto novo suporte textual são apontados como importantes fatores nesse sentido.

Com a Internet, o computador deixa de ser usado apenas numa dimensão utilitária. Ou seja, de um uso instrumental para digitação de trabalhos, o computador passa a assumir o patamar de uma ferramenta cultural, também portadora de textos criados por outras pessoas. Por outro lado, são esses textos de outras pessoas que incomodam os professores, na visão dos alunos. Assim como na época da enciclopédia, eles temem que seus alunos simplesmente copiem textos ou trechos prontos já elaborados por alguém. Ainda pior: os alunos não teriam nem o trabalho de copiar, já que o computador vem com uma impressora que lhes permitiria simplesmente dar o comando de imprimir. E, assim, pesquisa feita, atividade cumprida em muito menos tempo e com muito menos *"trabalho"* – alegram-se os alunos.

Poderíamos afirmar que o problema está na ausência de funcionalidade dessa atividade no contexto do ensino, ou seja, que a pesquisa da e para a escola tem assumido o caráter de uma tarefa a ser cumprida por parte do aluno e avaliada pelo professor? Acreditamos que é preciso extrapolar essa questão, no intuito de compreender o que há por trás das afirmações do tipo "os professores não deixavam usar (a Internet) não, achavam que a gente ia copiar tudo [...] falavam que só podiam ser entregues (os textos de pesquisa) à mão". O que faz com que os professores ofereçam maior legitimidade ao texto manuscrito em contrapartida àquele que é impresso diretamente das próprias páginas de um ou mais *sites* da Internet? É possível para o aluno simplesmente copiar sem saber o que contém o texto? Ao copiar um texto de outrem que elementos próprios de sua escrita o aluno traz para o texto de pesquisa?

Num outro fragmento fica evidente a voz do professor que, mesmo tendo aceito a Internet enquanto fonte de informações para a pesquisa, utiliza procedimentos semelhantes àqueles do caso anterior relegando a escrita do texto da pesquisa escolar a uma dimensão secundária. Já não mais se trata de valorizar o texto manuscrito em detrimento do impresso, mas, sim, de reduzir um ou outro à habilidade do aluno em apresentá-lo oralmente. Se não, vejamos:

> Fragmento 2[5]
> P: Agora, quando você usa a Internet pra fazer os seus trabalhos, você vai no *site* e imprime pra entregar ou você faz algum tipo de alteração?
> L: Ah, eu não gosto de pegar coisa impressa assim, ainda mais que na minha escola todo trabalho a apresentação oral vale 6, vale 60 % e escrita vale 40 %. Até mesmo porque eles passaram a adotar isso porque tem erros de digitação... E nesses 40, aí, eles não falam não, mas com certeza vale muito a estética, né, formatação,

---

[5] Este fragmento foi extraído da entrevista realizada por uma pesquisadora do grupo de pesquisa, representada pela letra "P" com Leonardo, 18 anos, aluno do Ensino Médio Profissonalizante, representado pela inicial de seu primeiro nome.

> capa, estas coisas... *Conta muito mais, enfim, o jeito do que tá escrito do que o que tá escrito, porque o que tá escrito ali, indiretamente é o que você falou, se você falou é porque tá escrito...* [...] Então, por isso é que eu não faço... tipo assim, eu pego... não tem como, isso eu já vi acontecer algumas vezes na sala. [...] Uma menina pegou uma tese de um cara lá da Unicamp, eu acho, e imprimiu aquilo como se fosse trabalho dela. Aí o professor pegou, olhou e falou assim "é o fulana, só faltou você colocar entre aspas e entre parênteses o nome do autor". Quer dizer (risos) isso no começo do ano, só pra todo mundo perceber que não é brincadeira, não é pra tentar enganar professor.

O texto de pesquisa escolar passa a ser avaliado pelo professor de acordo com o desempenho do próprio aluno em apresentá-lo oralmente, demonstrando ter conhecimento daquilo que nele contém, ou seja, daquilo que o aluno produziu com o auxílio de outros autores transformando-o em seu próprio enunciado. O registro escrito passa a ser avaliado apenas em sua dimensão "estética" – repetindo aqui a palavra utilizada pelo adolescente – ou, melhor seria dizer, menos pelo seu *sentido* que por seus aspectos externos, os quais dão forma ao seu *significado* – *na* acepção que Bakhtin oferece a esses termos. O que leva um professor a atribuir, em termos de pontuação, um maior valor ao texto produzido oralmente pelo aluno? Por que o texto da pesquisa escolar que se efetiva no e a partir do contexto hipertextual da Internet apresentado sob a forma de discurso escrito é somente avaliado pelas formas lingüísticas que entram em sua composição?

Nesse sentido, um evento narrado por um outro adolescente entrevistado é bastante esclarecedor. Equívocos dos alunos no momento de digitar o texto são considerados erros pelos professores, que descontam "pontos". Os alunos atribuem os erros à sua própria experiência de escrita na Internet: por causa da rapidez exigida nas salas de bate-papo, eles transpõem para os trabalhos escolares os "vícios" de digitação:

Fragmento 3[6]

> **R:** Você acaba viciando! Mas, acaba assim... não na hora de escrever. Acho que na hora de escrever você sente, com certeza, você sente uma diferença. Mas, quando, você vai digitar um trabalho pra escola... eu já perdi ponto por causa disso também, num trabalho.... porque, assim, por exemplo: você vai falar "que".

---

[6] Este fragmento foi extraído da entrevista realizada por uma pesquisadora do grupo de pesquisadora, representada pela letra "P" com Renato, 18 anos, aluno do Ensino Médio-profissonalizante, representado pela inicial de seu primeiro nome.

Você nem perde tempo de escrever (risos) q-u-e, você diz logo "q", né? Sabe? Qualquer coisa assim. Bem mais assim simples. Aí, na hora que você vai bater um trabalho escolar, que você tem que fazer uma coisa mais... né? Você já chega lá, "q" direto, aí já é... Eu fui bater um trabalho de história... aí, eu fui batendo, eu escrevi um monte de "q", né? E fui na... é... como o trabalho foi... era mais sobre história, não tinha muita palavra que coincidia muito com o que eu digitava na Internet. Mas, o "q" é o principal, né? Aí, eu digitei um monte de "q". Aí, tudo que tinha "q" o professor sub... é... sabe? O professor sublinhou: " O que é isso aqui? Porque você digita só "q"? Aí, eu perdi.... ponto por causa disso, né?
P: Você conversou sobre isso, você argumentou com ele? Você chegou a conversar sobre isso com ele ou não?
R: Não, não. Deixei pra lá, porque eu vi que o erro, sabe, estava no próprio vício da digitação. Aí, eu deixei pra lá... eu nem tentei falar com ele não... Depois desse, na hora de digitar, aí eu já até boto que... eu pego no dicionário as palavras que eu tenho costume de digitar, sabe, dessa forma eu já boto no dicionário que... se eu digitei errado, ele já marca pra mim [...] Pra corrigir pra mim, sabe? Eu tiro... eu tiro do dicionário pra ele achar que não existe. Aí... pra ficar mais fácil porque, se eu tô com um erro desse num trabalho, além de ser... é ruim, né? Perder ponto por causa disso...

O próprio adolescente assume uma concepção do ato de escrever como aquele que é efetivado através das mãos com o suporte de um aparato técnico como lápis e/ou caneta e papel. Para ele, o ato de escrever manualmente é diferente de digitar. A agilidade imposta pelo teclado do computador ao ato de escrever é completamente outra, porque demanda do sujeito que escreve novas posturas e/ou procedimentos diante do texto que se põe a construir, e as palavras rolam verticalmente sobre a tela do computador. Assim, a decisão de digitar um trabalho de pesquisa para a escola ao invés de redigi-lo à mão não impede ao usuário dessa nova tecnologia de dispor ainda de suas ferramentas, ou seja, ao invés de imprimir o seu próprio texto para nele efetuar as devidas correções, o usuário usa de dispositivos que lhe poupam trabalho no momento mesmo da construção/produção do texto. Como sabem que terão como principal interlocutor de seu texto de pesquisa o próprio professor que a solicitou, os alunos lançam mão de mais um aparato da tecnologia digital, não rompendo, assim, com as regras ortográficas da língua.

Entretanto, para um outro sujeito, a construção/produção do texto de pesquisa escolar implica outros procedimentos organizacionais que vão além da simples correção dos equívocos relativos à rapidez da digitação. Trata-se da questão das regras ortográficas, portanto do uso correto da língua-padrão. Para ele, a montagem do texto de pesquisa torna-se difícil quando realizada na própria tela do computador em decorrência das múltiplas opiniões que seleciona entre os vários *sites* nos quais pesquisa. Embora o próprio aparato do computador ofereça ao seu usuário possibilidades de "cortar" os fragmentos de que necessita para, posteriormente, "colá-los" em seu próprio texto, esse adolescente prefere ainda utilizar do papel no momento de construção. Sua fala é muito interessante:

>Fragmento 4[7]
>L: Então, não tem jeito, o que é que eu faço? Eu costumo pegar o trabalho impresso, como eu tenho dificuldade de fazer síntese, pegar três parágrafos, ler aqueles três parágrafos e digitar ali mesmo... Não, eu não... às vezes eu acabo perdendo alguma informação. O que eu faço? Eu imprimo o trabalho do outro autor, né, imprimo e dali eu vou cortando uma coisa, coloco outra, tal, você junta uma coisa com outra. Aí eu ali, impresso, eu elaboro o trabalho.
>P: Você não consegue fazer isso na tela do computador?
>L: Não, de jeito nenhum. Você acaba perdendo informação boa. Às vezes você tem três informações num parágrafo, você digitou a segunda e "pô, qual que era a terceira mesmo?". Não dá, não dá, eu prefiro imprimir, ir cortando mesmo a mão... até mesmo porque eu acho que eu aprendo mais. Se eu ficar só na tela do computador assim, acabou o trabalho "hein, trabalho? De quê? O que tava falando? Não sei, não sei." Isso aí na escola é de lei, o professor tá lá na frente, faz aquelas perguntas assim, mirabolantes, você vira pra trás assim, aquele cochicho assim na sala, todo mundo rindo, aquele mico, você tentando pegar o que... Não dá, não dá mesmo, tem que ler o trabalho antes, senão não dá pra apresentar.

Como o trabalho de pesquisa no e pelo contexto da Internet envolve, na maioria das vezes, a leitura de hipertextos, o recurso utilizado por esse adolescente é extremamente legítimo, na medida em que o aluno tem a necessidade de construir um texto linear, no papel, a partir de uma leitura totalmente deslinearizada na tela do computador. Para evitar a dispersão – própria, segundo Marcuschi (1999) da leitura hipertextual – o usuário-pesquisador-da-e-para-a-escola, procura se organizar, tendo no papel o seu suporte. Nesse

---

[7] Este fragmento foi extraído da entrevista realizada por uma pesquisadora do grupo de pesquisa, representada pela letra "P" com Leonardo, 18 anos, aluno do Ensino Médio Profissonalizante, representado pela inicial de seu primeiro nome.

sentido, segundo a sua opinião, estará mais preparado para também organizar a sua apresentação oral que, paradoxalmente, tem uma maior quantidade de pontos na avaliação do professor.

Aliás, a atribuição de uma nota por parte do professor parece estar no cerne da construção do texto de pesquisa escolar pelos alunos. No último fragmento que selecionamos, a dimensão puramente avaliativa que esse texto assume no contexto pedagógico fica ainda mais evidente:

>Fragmento 5[8]
>P: Que tipo de trabalho pra escola você faz?
>C: *Ah tudo... Quando o professor de história, geografia, ciências, assim, esses trabalhos... É eu procuro e [...]escrevo assim eu mais copio o trabalho todo que tava na página só tenho o trabalho de ler...*
>P: Então os professores não sabem que você usa a Internet para...
>C: Não os professores sabem né, porque tem que por a bibliografia, essas coisas assim... mas eu já fui descontada por causa disso mais foi injustamente!
>P: Por que? O que foi que aconteceu?
>C: *Porque eu não tinha, eu e minhas amigas a gente não tinha entrado na Internet para procurar os negócios do trabalho acho que era sobre a escravidão... a gente olhou na enciclopédia, o professor descontou 5 pontos falando que a gente tinha copiado tudo... a gente assim escreveu mais as coisas que eram né.. do trabalho, que era pra escrever e algumas partes assim a gente foi copiando sabe? Coisas que eram mais difícil da gente é.. como é que fala.. é fazer uma frase pela gente mesmo, aí ele descontou ponto da gente [...].Ele pegou a enciclopédia e riscou pra gente todos os parágrafos que a gente tinha copiado do negócio, aí ele falou assim: "não vou te dar os 5 pontos de vocês não". Mas antes ele tinha falado que a gente tinha copiado da Internet. Tem coisa assim que a gente só complementa de outros livros ou então no livro a informação é melhor e a gente pega um pouco da Internet, mas sempre a gente usa a Internet pra fazer.*

No entanto, como vimos, não se trata só da cópia de trechos de *sites* da Internet, mas dos já conhecidos verbetes de enciclopédia que, embora atualmente tenham um suporte digitalizado, não sofreram grandes modificações em sua estrutura textual. Os avanços na tecnologia da informação vêm possibilitando que um grande volume de palavras e textos sejam armazenados em um espaço material bem menor, como é o caso dos *CD-ROMs* que trazem

---

[8] Este fragmento foi extraído da entrevista realizada por uma pesquisadora do grupo de pesquisa, representada pela letra "P" com , anos, aluna do ensino médio, representado pela inicial de seu primeiro nome.

grandes obras como enciclopédias e dicionários. Um lugar a mais na estante e praticidade para quem tem acesso a um computador. Mas, o que realmente muda no momento da leitura para a apropriação das informações que irão compor a pesquisa? O que modifica é a forma de transmissão do texto, a técnica da informação, e não propriamente o conteúdo que chega aos adolescentes.

Para construir o texto de pesquisa escolar, os alunos buscam, além da Internet, outras fontes e suportes que enriqueçam seus trabalhos. No entanto, o professor parece estar menos preocupado com o que os alunos utilizam dessas fontes para construir seus próprios discursos do que com o que eles não conseguem transpor para as próprias palavras, copiando literalmente o trecho de outrem. O que significa dizer que não sabemos falar com nossas próprias palavras?

As palavras de Bakhtin (2000) nos ajudam a iniciar a discussão: "a reprodução do texto pelo sujeito é um acontecimento novo, irreproduzível na vida do texto, é um novo elo na cadeia histórica da comunicação verbal" (p. 351). Segundo os seus pressupostos, todo texto, ao ser reescrito pelo leitor, adquire, no momento mesmo de sua (re)produção, novos sentidos não-reiteráveis. Toda enunciação, tomada enquanto unidade da comunicação verbal – através do discurso seja oral, seja escrito – utiliza unidades lingüísticas concebidas no interior de um sistema sígnico amparado por regras e categorias já institucionalizadas socialmente, para constituir sua significação, tornando-se inteligível para uma determinada comunidade lingüística.

No entanto, toda enunciação também é dotada de um sentido único, portanto não-reiterável que constitui aquilo que Bakhtin (1999) denomina por tema: "um sentido definido e único [...] determinado não só pelas formas lingüísticas que entram na composição, mas igualmente pelos elementos não verbais da situação [...] que procura adaptar-se adequadamente às condições de um dado momento da evolução" (p. 128-129) Isso nos leva a admitir, assim como o autor, que no processo de construção/produção do texto, seja de que natureza for, o sujeito se apodera desses elementos que se reiteram ou se rseproduzem, dos "já-ditos", e com base neles constrói seu próprio discurso, um novo sentido carregado do lugar social em que se situa.

O que acontece no processo de construção/produção do texto de uma pesquisa escolar? Com que elementos reiteráveis do discurso lidam os sujeitos-pesquisadores-da-e-para-a-escola? Quais os sentidos que produz o professor a respeito dessa construção/produção escrita pelo aluno legitimando-a ou não enquanto reprodução do discurso do outro? Quais as atitudes do professor diante dos elementos do texto de pesquisa escolar, engendrado no e pelo contexto hipertextual, que se reiteram e/ou se reproduzem? Como lida com eles no cotidiano da sala de aula? A quem concede o professor o direito de autoria dos textos de pesquisa escolar feitos a partir do hipertexto na Internet?

Para Bakhtin (1992), a reprodução de um texto, em sua literalidade, só é possível com o auxílio de um aparato técnico, como, por exemplo, a sua reimpressão mecânica via uma máquina reprográfica. No entanto, sua reprodução pelo sujeito, no sentido de releitura, de nova execução, tradução ou citação do discurso de outrem, fazendo parte de um acontecimento discursivo, penetra na realidade da língua, encadeando-se novamente na comunicação verbal. Assim, o texto enquanto um acontecimento discursivo sugere, além de um processo de reconhecimento de signos por parte de um sujeito que os decifra, um outro, de compreensão que, por sua vez, engloba duas consciências, dois sujeitos. Dialógico por excelência, esse processo engendra o encontro de dois textos no momento da leitura: aquele que, na materialidade do papel, está concluído, e, um outro que, em reação ao primeiro, está sendo elaborado pelo leitor. Nesse sentido, poderíamos dizer que também ao escrever, o sujeito lança mão de palavras que vêm do discurso do outro que, da passagem da esfera interdiscursiva para a intradiscursiva, vão, aos poucos, tornando-se próprias e transformando-se, novamente, em contrapalavras num permanente processo de construção de sentidos.

Se compreendemos, a partir de Bakhtin, que todo texto se faz na relação dialógica com outros textos não carrega, portanto, o discurso escrito em sua materialidade, uma "palavra final", a palavra e/ou o sentido por excelência. Bakhtin (apud Faraco, 1997) desconstrói, pois, a visão romântica de autoria, como ato solipsístico e individual: "o autor, indivíduo autônomo e interiormente uno [...], é, no uso de seu gênio inventivo, de sua imaginação criadora, a fonte soberana, a origem absoluta do texto" (p. 4). É da imensa diversidade de vozes sociais e de suas relações dialógicas que emerge a figura do autor que não destitui-se, no entanto, de sua individualidade.

A operação da leitura/escrita só se torna possível no encontro entre a palavra lida e/ou impressa no texto e as contrapalavras do leitor. Como nem o leitor nem o escritor podem prever as contrapalavras que virão a esse encontro, torna-se impossível prever todos os sentidos que a leitura produzirá. Daí, leitura/escrita consiste não na mera reprodução de sentidos sempre idênticos a si mesmos ou aqueles pensados pelo autor, mas na construção sempre nova e incessante de múltiplos sentidos. Contudo, é importante ressaltar que essa multiplicidade semântica em Bakhtin apresenta-se relacionada, segundo Faraco, Castro e Tezza (1996) com uma de suas peculiaridades metodológicas que decorre – não poderia ser de outra maneira – do seu pressuposto de base de que são as relações com os outros que nos constituem: é preciso ouvir amorosamente a palavra do outro. Daí, não incorrer Bakhtin numa visão relativista da própria natureza do ato de ler que preconiza a não-finitude dos sentidos que um mesmo texto pode oferecer, dado as infinitas leituras que dele se pode ter. Ora, para Bakhtin, a infinitude de um texto está em sua constante recontextualização dialógica, ou seja, todo texto traz para seu interior, um contexto (BAKHTIN, [199-], p. 14).

Essa constante recontextualização dialógica é analisada também por Larrosa (2000) que, amparado por Bakhtin, procura, no interior dos paradoxos da repetição e da diferença que engendram o exercício da tradução e do comentário de texto, compreender o que significa, de acordo com os pressupostos deste autor russo, "aprender com as próprias palavras" (p. 122). Embora seu objetivo seja diverso do nosso, acreditamos que essa reflexão trazida por Larrosa seja interessante no contexto da análise da produção textual da pesquisa escolar.

Relembremos que no fragmento 5, a adolescente entrevistada atualiza em sua voz essa máxima pedagógica quando diz da necessidade, diante da imposição do professor, em "fazer uma frase pela gente mesmo" no texto de pesquisa que constrói/produz. Pois bem, o "aprender com as próprias palavras" contrapõe-se a um outro procedimento, o "aprender de memória", através dos quais, segundo Larrosa, Bakhtin busca compreender como se efetiva o processo de transmissão das palavras alheias, fundamental para a formação da consciência individual e/ou para a constituição das nossas próprias palavras. No entanto, o autor russo quer compreender como se dá essa transformação no contexto das disciplinas filológicas, pois que já tinha partido da observação do processo na esfera cotidiana. É assim que, nesse contexto, ele escreve: "o estudo das disciplinas filológicas conhece dois modos escolares fundamentais para a transmissão assimilativa do discurso alheio (do texto, da regra, do modelo): 'de memória' e 'com as próprias palavras'" (BAKHTIN, apud LARROSA, 2000, p. 120).

Por sua relação com a esfera do poder, a palavra que se transmite "de memória" é essencialmente monológica porque autoritária. Distante do discurso cotidiano a palavra transmitida "de memória" é como uma palavra sagrada, cuja "estrutura semântica é imutável e inerte por estar acabada e ser monossemântica, seu sentido fica ligado à letra, petrifica" (BAKHTIN APUD LARROSA, 2000, p. 121). Já a palavra que se transmite no contato estreito "com nossas próprias palavras" é sempre contemporânea porque aberta e atualizada semanticamente em cada novo contexto dialógico. Daí é também bivocal no sentido de que sempre se apresenta relacionada com outras palavras nossas, adquirindo, portanto, o "estatuto intermediário de palavra 'semi-nossa', 'semi-alheia'" (LARROSA, 2000, p. 122).

Ao solicitar aos seus alunos que "escrevam com suas próprias palavras" o texto de pesquisa escolar, os professores estariam cônscios dessa necessidade que o sujeito tem de abolir a distância que o separa do "texto sagrado", trazendo-o para perto de si mesmo e mergulhando-o na corrente discursiva, portanto da própria vida? Aliás, é o próprio Bakhtin (1993) quem nos salienta isso, ao tratar das diferenciações entre os discursos monológico e o dialógico: "o orador que escuta só sua própria voz, ou o professor que vê somente o seu próprio manuscrito, é um mau orador, um mau professor. Eles mesmos paralisam a forma de suas enunciações, destruindo o vínculo vivo, dialógico, com seu auditório, e com isso desvalorizam a sua própria intervenção" (p. 251).[9]

Assim como Bakhtin desconstruiu, desde sua época, um conceito romântico de autor, erigindo uma concepção outra amparada pela sua própria concepção de linguagem, na qual os conceitos de dialogismo, polissemia, polifonia, interdiscursividade articulam-se numa formação intersubjetiva da consciência humana e, portanto, da própria linguagem, muitos estudiosos acreditam que, com o advento da Internet – tendo como principal representante o hipertexto midiático, a noção de propriedade sobre o texto está sendo radicalmente transformada.[10] Como já dissemos em outro momento, o hipertexto virtual-eletrônico trouxe outras formas e possibilidades ao leitor no tocante à sua participação no próprio texto. Propomos um conceito de co-autoria que se apresenta intrinsecamente relacionado ao fato de que, no hipertexto, o leitor não possui um percurso de leitura premeditado por um autor, ou seja, na rede hipertextual, entre *links* e *links*, o leitor *"navega"* um percurso único e, na maioria das vezes, não repetível.

Considerações finais:
por uma nova concepção de pesquisa escolar

Por todas essas considerações, podemos dizer que o ato de pesquisar na Internet efetiva-se a partir de uma leitura que, ao invés de dissolver-se nas infinitas possibilidades trazidas pelo hipertexto, caracteriza-se por uma busca consciente de informações. Desse modo, os dados que circulam pela rede têm

---

[9] Tradução nossa livre do espanhol.

[10] Alguns, como Ramal (2001) até propõem esta transformação como definitiva. Num estudo interessante, fruto de sua tese de doutorado, esta autora propõe uma aproximação das idéias de Pierre Lévy com os pressupostos bakhtinianos, "compreendendo o hipertexto como uma nova versão da polifonia bakhtiniana" (p. 2), pois, de acordo com a sua opinião "as próprias idéias de Bakhtin parecem, em certos momentos, anunciar concepções que somente com o hipertexto vão se tornar plenamente compreensíveis: a noção de que não há um único autor, e sim vários, a noção de um texto que não é jamais singular, e sim compartilhado" (p. 100).

seus sentidos atualizados no e pelo contexto hipertextual e decorre da leitura realizada pelo usuário que faz de sua busca, um ato de linguagem.

Desconhecendo que a natureza hipertextual da leitura na Internet pode se caracterizar por uma recontextualização dialógica dos sentidos pelo leitor-navegador, muitos professores ainda consideram o texto de pesquisa desenvolvido com o apoio da Internet mera cópia por parte do aluno. Indo ao encontro das reflexões aqui propostas, essa idéia do professor não é senão um grande equívoco. Acreditamos que o texto de pesquisa representa um "retrato" de seu percurso de leitura na rede, ou seja, nas páginas ali impressas o aluno apresenta um texto construído em co-autoria com outros autores, como resultado de sua busca no meio virtual.

Referências

BAGNO, Marcos. *Pesquisa na escola: o que é e como se faz*. São Paulo: Loyola, 1998.

BAKHTIN, Mikhail. O problema do texto. In: _____. *Estética da criação verbal*. São Paulo: Martins Fontes, 2000. p. 327-358.

_____. Que és el lenguage? In: SILVESTRI, A.; BLANCK, G. *Bajtín y Vigotski: la organización semiotica de la consciência*. Barcelona: Anthropos, 1993.

BAKHTIN, Mikhail (Voloshinov, V. N.) Discurso na vida e discurso na arte (sobre poética sociológica). In: _____. *Freudianism. A marxist critique*. Nova York: Academic Press, 1976. (Tradução de Cristóvão Tezza – para uso didático) [199-] (mimeo).

CHARTIER, Roger. *A ordem dos livros – leitores, autores e bibliotecas na Europa entre os séculos XIV e XVIII*. Brasília: Editora da Universidade de Brasília, 1994.

_____. *Cultura escrita, literatura e história: conversas de Roger Chartier com Carlos Aguirre Anaya, Jesús Anaya Rosique, Daniel Goldin e Antonio Saborit*. Porto Alegre: Artmed, 2001.

COSTA, Sérgio Roberto. In: *Veredas – Revista de Estudos Lingüísticos* da UFJF, v. 4, n. 1, jan./jun. 2000. Juiz de Fora: Ed. UFJF, 2000, p. 43-50.

FARACO, Carlos Alberto. O dialogismo como chave de uma antropologia filosófica. In: FARACO, Carlos Alberto; TEZZA, Cristóvão; CASTRO, Gilberto de. (Orgs.) *Diálogos com Bakhtin*. Curitiba: Ed. UFPR, 1996, p. 113-126.

_____. *Falante: que bicho é esse, afinal?* Curitiba, novembro de 1997. 16 f. (mimeo).

LARROSSA, Jorge. Os paradoxos da repetição e da diferença. Notas sobre o comentário de texto a partir de Foucalt, Bakhtin e Borges. In: ABREU, Márcia (Org.). *Leitura, história e história da leitura*. São Paulo: Fapesp, 1999. (Coleção Histórias da Leitura), p. 115-145.

MARCUSCHI, Luiz Antônio. Linearização, cognição e referência: o desafio do hipertexto. Comunicação apresentada no *IV Colóquio da Associação latino-americana de analistas do discurso*. Santiago, Chile, 5 a 9 de abril de 1999. (mimeo).

MERCADO, Luís Paulo Leopoldo. A Internet como ambiente de pesquisa na escola. In: *Presença Pedagógica*, v. 7. n. 38. mar./abr. 2001, p. 53-65.

MILANESI, Luiz. *O que é biblioteca*. 3. ed. São Paulo: Brasiliense, 1985. (Coleção Primeiros Passos).

_____.*Ordenar para desordenar: centros de cultura e bibliotecas públicas*. 2. ed. São Paulo: Brasiliense, 1989.

RAMAL , Andrea Cecília. *Educação na cibercultura*. Hipertexto, escrita e aprendizagem. Tese de doutorado. Pontifícia Universidade Católica do Rio de Janeiro, fev./2001.

RODRIGUES, Eloy. *Bibliotecas: os átomos e os bits*. http://-bib.eng.uminho.pt/Pessoal/Eloy/bibatbit.htm Acesso em: 25 de maio de 2000.

SANTOS, M. S. Multimeios na biblioteca escolar. In: GARCIA, Edson Gabriel (Org). *Biblioteca Escolar: estrutura e funcionamento*. São Paulo: Loyola, 1989. p. 97-108.

SILVA, Ezequiel Teodoro da. *De olhos abertos: reflexões sobre o desenvolvimento da leitura no Brasil*. São Paulo: Ática, 1991.

SUAIDEN, Emir. *Biblioteca pública e informação à comunidade*. São Paulo: Global, 1995.

XAVIER, Antônio Carlos; SANTOS, Carmi Ferraz. O texto eletrônico e os gêneros do discurso. In: *Veredas* – Revista de Estudos Lingüísticos da UFJF, v. 4, n. 1, jan./jun. 2000. Juiz de Fora: Ed. UFJF, 2000, p. 51-57.

Os autores

ALESSANDRA SEXTO BERNARDES

Mestre em Educação pelo Programa de Pós-Graduação em Educação da UFJF. Coordenadora do Curso de Normal Superior da UNIPAC em Muriaé. Professora das Faculdades Integradas de Cataguazes (FIC).

asexto@bol.com.br

ANA PAULA MARQUES SAMPAIO PEREIRA

Mestre em Educação pelo Programa de Pós-Graduação em Educação da UFJF. Supervisora Pedagógica em Escola da Rede Estadual de Ensino de Minas Gerais. Professora de Ensino Fundamental da Rede Municipal de Educação de Juiz de Fora. Professora do Curso de Pedagogia da Universo – Juiz de Fora. Professora do Curso de Pedagogia e do Curso Normal Superior da UNIPAC – Ubá

pereira-lf@uoll.com.br

JULIANA GERVASON DEFILLIPPO

Graduada em Letras pela UFJF. Mestranda em Letras do Centro de Ensino Superior CES/JF.

defiju@ig.com.br

MARIA TERESA DE ASSUNÇÃO FREITAS

Doutora em Educação pela PUC-Rio. Professora da Faculdade de Educação da UFJF, atua como docente e orientadora no Programa de Pós-Graduação em Educação da UFJF. Pesquisadora do CNPq. Coordenadora do Grupo de Pesquisa Linguagem, Interação e Conhecimento (LIC).

mtl@acessa.com

MIRTES ZOÉ DA SILVA MOURA

Mestre em Educação pelo Programa de Pós-Graduação em Educação da UFJF. Chefe do Setor de Tecnologia Informacional e Educacional da UFSJ. Coordenadora e Professora do Curso Normal Superior da Faculdade de Educação e Estudos Sociais de Prados – UNIPAC.

mirtes@ufsj.edu.br

OLÍVIA PAIVA FERNANDES

Mestre em Educação pelo Programa de Pós-Graduação em Educação da UFJF. Professora de Ensino Fundamental da Rede Municipal de Educação de Juiz de Fora. Professora do Curso de Pós-Graduação a Distância: Educação e Novas Tecnologias da Estácio de Sá – Juiz de Fora.

olivia-pf@ibest.com.br

PATRÍCIA VALE DA CUNHA

Mestre em Educação pelo Programa de Pós-Graduação em Educação da UFJF. Coordenadora do Curso de Pedagogia do Instituto de Ensino Superior do Amapá – Macapá. Coordenadora do Núcleo de Apoio Pedagógico da Faculdade do Amapá – FAMAP – Macapá.

patyvale@acessa.com

PAULA M. TEIXEIRA VIEIRA

Mestre em Educação pelo Programa de Pós-Graduação em Educação da UFJF. Professora do Curso de Pedagogia da UNIPAC – Barbacena. Professora do Curso de Pós-Graduação a Distância: Educação e Novas Tecnologias da Estácio de Sá – Juiz de Fora.

paulatvieira@bol.com.br

SÉRGIO ROBERTO COSTA

Doutor em Lingüística Aplicada pela PUC-São Paulo. Paulo, com Pós-Doutorado pela Universidade de Paris. Professor aposentado do Mestrado em Lingüística da UFJF. Professor do Mestrado em Letras da UNINCOR – Três Corações. Foi pesquisador do Grupo de Pesquisa Linguagem, Interação e Conhecimento (LIC) entre 1997 e 2001. Atualmente está na Universidade de Lorand Eotvos, em Budapeste, como professor-leitor de Língua Portuguesa.

costasero@uol.com.br

Qualquer livro da Editora não encontrado
nas livrarias pode ser pedido por carta,
fax, telefone ou pela Internet.

Autêntica Editora

Rua São Bartolomeu, 160 – Bairro Nova Floresta

Belo Horizonte-MG – CEP: 31140-290

PABX: (0-XX-31) 3423 3022

e-mail: vendas@autenticaeditora.com.br

Visite a loja da Autêntica na Internet:
www.autenticaeditora.com.br
ou ligue gratuitamente para
0800-2831322